I0284522

La energía de lo divino femenino

Cómo desbloquear el poder de la diosa interior, conectar con sus guías espirituales y acceder a la conciencia superior a través de la meditación y la oración

© Copyright 2025

Todos los derechos reservados. Ninguna parte de este libro puede ser reproducida de ninguna forma sin el permiso escrito del autor. Los revisores pueden citar breves pasajes en las reseñas.

Descargo de responsabilidad: Ninguna parte de esta publicación puede ser reproducida o transmitida de ninguna forma o por ningún medio, mecánico o electrónico, incluyendo fotocopias o grabaciones, o por ningún sistema de almacenamiento y recuperación de información, o transmitida por correo electrónico sin permiso escrito del editor.

Si bien se ha hecho todo lo posible por verificar la información proporcionada en esta publicación, ni el autor ni el editor asumen responsabilidad alguna por los errores, omisiones o interpretaciones contrarias al tema aquí tratado.

Este libro es solo para fines de entretenimiento. Las opiniones expresadas son únicamente las del autor y no deben tomarse como instrucciones u órdenes de expertos. El lector es responsable de sus propias acciones.

La adhesión a todas las leyes y regulaciones aplicables, incluyendo las leyes internacionales, federales, estatales y locales que rigen la concesión de licencias profesionales, las prácticas comerciales, la publicidad y todos los demás aspectos de la realización de negocios en los EE. UU., Canadá, Reino Unido o cualquier otra jurisdicción es responsabilidad exclusiva del comprador o del lector.

Ni el autor ni el editor asumen responsabilidad alguna en nombre del comprador o lector de estos materiales. Cualquier desaire percibido de cualquier individuo u organización es puramente involuntario.

Su regalo gratuito

¡Gracias por descargar este libro! Si desea aprender más acerca de varios temas de espiritualidad, entonces únase a la comunidad de Mari Silva y obtenga el MP3 de meditación guiada para despertar su tercer ojo. Este MP3 de meditación guiada está diseñado para abrir y fortalecer el tercer ojo para que pueda experimentar un estado superior de conciencia.

https://livetolearn.lpages.co/mari-silva-third-eye-meditation-mp3-spanish/

¡O escanee el código QR!

Índice

INTRODUCCIÓN 1
CAPÍTULO 1: ¿QUÉ ES LO DIVINO FEMENINO? 3
CAPÍTULO 2: EXPLORACIÓN DE LOS ARQUETIPOS DEL DIVINO FEMENINO 16
CAPÍTULO 3: DESCUBRIR A LA DIOSA INTERIOR 30
CAPÍTULO 4: LA UNIÓN SAGRADA INTERIOR: EQUILIBRANDO SUS ENERGÍAS 42
CAPÍTULO 5: NUNCA ESTÁ SOLA - GUÍAS ESPIRITUALES 52
CAPÍTULO 6: CONECTAR CON SUS ALIADOS 61
CAPÍTULO 7: CULTIVAR VÍNCULOS MÁS PROFUNDOS 69
CAPÍTULO 8: VÍAS MEDITATIVAS: EL ACCESO A LA CONCIENCIA SUPERIOR 77
CAPÍTULO 9: LA ORACIÓN COMO RITUAL SAGRADO 85
CAPÍTULO 10: UNA ESPIRAL CONTINUA DE CRECIMIENTO ... 91
CONCLUSIÓN 96
VEA MÁS LIBROS ESCRITOS POR MARI SILVA 98
SU REGALO GRATUITO 99
REFERENCIAS 100
FUENTES DE IMAGENES 102

Introducción

Durante mucho tiempo, lo divino femenino ha sido suprimido. La sociedad ha trabajado incesantemente día y noche para asegurar que todo conocimiento de esta energía divina no esté al alcance de nadie. Sin embargo, los tiempos están cambiando. La gente está despertando. La mayoría se da cuenta de que el sistema actual les ha vendido un montón de cuentos, un sistema quizá desesperado por garantizar que su versión pervertida de la masculinidad siga prosperando y suprimiendo a los demás.

No, *este libro no es una guerra contra la masculinidad.* Ha sido escrito para ayudarle a comprender que su vida debería estar llena de más facilidad y fluidez de lo que lo está actualmente. Le mostrará cómo el mundo podría transformarse para mejor si existiera un equilibrio entre las energías duales de la creación: lo divino femenino y lo divino masculino. Durante demasiado tiempo, un desequilibrio ha sacudido el mundo a nivel individual y colectivo, causando mucho más dolor y angustia de lo que nadie debería soportar. Al leer este libro, descubrirá por qué las cosas son como son y qué hacer.

Todo empieza con usted.

A medida que cada persona emprende su viaje personal de reconexión con lo divino femenino, el mundo se beneficia de ese efecto de bola de nieve. Cada vez son más las personas que despiertan a la verdad de lo que están destinadas a ser, incluida usted. Experimentará los beneficios de encontrar un equilibrio entre ambas energías en su vida personal y será testigo de los efectos de sus elecciones en la humanidad colectiva.

Vivir con conciencia del poder de lo divino femenino y permitir que el poder y el amor de la diosa madre fluyan por su vida tiene muchos beneficios. Puede que haya vivido mucho tiempo preguntándose por qué las cosas no funcionan y cuestionándose si merece o no la abundancia. La respuesta a su pregunta es: Usted merece por completo vivir una vida llena de abundancia, dicha y mucho más. Merece certeza. Merece una guía en la que pueda confiar, especialmente cuando parece que el suelo sigue temblando y moviéndose bajo sus pies.

Usted se merece la paz mental que viene al permitir que la energía del divino femenino le guíe y le muestre un camino mejor para alcanzar sus deseos. Descubrirá lo hermosa que puede ser la vida cuando encuentre el punto ideal entre lo divino masculino y lo divino femenino, canalizando en porciones iguales con facilidad y gracia.

Es hora de dejar de reprimir lo que es natural; la gracia, la abundancia, la paz, la prosperidad, la vitalidad y la vida son su derecho de nacimiento. Éstas y otras más son cualidades que la masculinidad tóxica del patriarcado ha seguido reprimiendo mediante métodos de mano dura, como la guerra, la violencia, la inanición deliberada, el mantenimiento calculado de la pobreza y la naturaleza insidiosa de la esclavitud, que sigue viva y practicándose hoy en día.

A diferencia de otros libros sobre el tema, éste está escrito en un lenguaje sencillo, lo que facilita su comprensión. Cada concepto se explica con claridad, sin dejar lugar a la confusión. Las ideas se construyen unas sobre otras de forma secuencial, permitiéndole captar con precisión lo que necesita aprender y cómo aplicar sus nuevos conocimientos. Apreciará la claridad y practicidad de las instrucciones de estas páginas. Así que, si está lista para descubrir el poder de lo divino femenino en su vida, ¡no hay razón para perder el tiempo! Continúe con el primer capítulo.

Capítulo 1: ¿Qué es lo divino femenino?

Eche un buen vistazo a la sociedad y notará una abundancia de energía masculina. No importa lo que mire, ya sea la política, la religión, los negocios u otras esferas de la vida. Verá que el lado sombrío de la masculinidad domina los asuntos humanos. Ahora bien, no hay nada malo en la masculinidad o en la energía del divino masculino. Sin embargo, necesita equilibrar las energías masculina y femenina en su interior para vivir una vida plena. Afortunadamente, la gente es cada vez más consciente de esta verdad y busca más información sobre lo divino femenino. Esta energía está despertando en su interior y por eso ha elegido este libro.

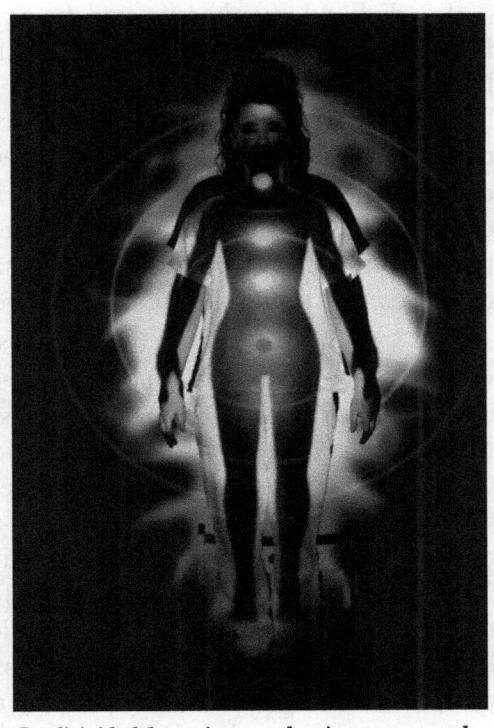

La divinidad femenina que despierta es capaz de conectar con varios aspectos de su yo espiritual[1]

Antes que nada, es esencial definir lo divino femenino para que no haya malentendidos. La definición es una necesidad absoluta, especialmente a la luz de los tiempos actuales, con muchos demonizando cualquier cosa masculina sin comprender que ambas energías se requieren en equilibrio.

Lo divino femenino

Todo en la vida tiene en su interior la energía del divino masculino y del divino femenino. Lo mismo puede decirse de usted. Como muchos otros, usted se ha conformado con vivir en su energía masculina, pero se está haciendo evidente que le falta algo para vivir de esta manera. A través de migas de pan espirituales, se le ha conducido hasta este punto para que descubra el verdadero significado de lo divino femenino, por qué esta energía es esencial y cómo puede integrarla en su vida para aportar equilibrio, facilidad y fluidez a cada uno de sus momentos de vigilia.

Lo divino femenino es una fuerza que ha existido desde tiempos inmemoriales. Es la mitad de un todo necesario para la creación de toda la vida, conocida y desconocida, y sigue desempeñando un papel fundamental en el sustento del universo. Puede pensar en esta energía como en el suelo. Independientemente de lo que plante en él, no discrimina y sostendrá la vida de esa semilla, permitiéndole florecer y crecer hasta su máximo potencial y seguir nutriéndola más allá de este punto. Y es imposible separarse de esta energía. Claro, puede que usted no se haya permitido fluir con ella, pero siempre ha estado con usted.

No se puede tener lo divino masculino sin lo divino femenino y viceversa. No tiene nada que ver con su género. A estas energías no les importa cómo se identifique usted. Usted puede ser hombre o mujer o identificarse como otra cosa; aun así, tiene ambas energías en su interior. Cuando lo divino masculino es la energía dominante en su vida, usted procede de un lugar de exceso de acción. Tendrá la necesidad de dominar a los demás y mostrará agresividad en todo lo que haga y diga. No puede comprender que hay otras formas de lograr sus objetivos que no requieren la voluntad de aplastar a los demás implacablemente. En el lado opuesto, cuando se confía demasiado en lo divino femenino, no progresará mucho. Pierde su poder y no sabe dónde trazar la línea con usted misma o con los demás. Observa su vida y tiene la sensación de que nada se mueve ni cambia.

Los humanos nos sentimos instintivamente atraídos hacia el cambio y el progreso. Por eso, cuando lo divino femenino no tiene lo divino masculino equilibrándolo en su vida, se siente estancada. El mundo es una dualidad, nacida de la realidad última de la unidad. La manifestación del universo es una combinación de diosa y dios, mostrándose como mujer y hombre, yang y yin - todos los cuales encarnan las fuerzas supremas de lo divino femenino y lo divino masculino.

Las cualidades de lo divino femenino

Ahora reconoce la importancia de permitir que la energía del divino femenino fluya en su vida y a través de ella. Pero, ¿cómo puede saber cuándo está dando rienda suelta a la Madre Divina en su vida? Estas son las cualidades de su energía.

- **Intuición.** Divida la palabra en dos y tendrá "in" y "tuición", la enseñanza que procede del interior. Es el conocimiento que recibe por medios "ilógicos" o "irracionales". Se trata de saber cosas sin entender cómo. Su intuición es su instinto que, si lo sigue, le conduce a los mejores resultados. Le advierte y le mantiene a salvo del peligro o le dirige hacia algo que siempre ha deseado. Su intuición le dice quién es una buena persona y quién no. No tiene que esperar a que hagan algo para saber con seguridad quién es alguien, no si sigue la guía de su intuición. Elegir confiar en su intuición por encima de todo lo demás la hace más fuerte. Algunas personas han trabajado su intuición hasta el punto de poder predecir lo que ocurrirá en el futuro.

  Cuanto más encarne lo divino femenino, más intuitiva será. No importa si es mujer u hombre, ya que en el momento en que acepte la influencia del divino femenino en su vida encarnándola, más poderosa será esta cualidad. No es casualidad que, históricamente, las mujeres siempre hayan sido más intuitivas que los hombres. Esto no significa que los hombres no puedan llegar a ser intuitivos. Así que, si es usted un hombre leyendo esto, sepa que usted también puede desarrollar su intuición; *¡no se sienta excluido!*

- **La creatividad.** El proceso creativo es femenino. La forma más básica de creatividad es el parto, para el que sólo las mujeres están naturalmente preparadas. Por supuesto, es imposible concebir un hijo sin que un hombre desempeñe su papel, pero el parto es una habilidad de la mujer, ya que tiene un útero en el que el niño se nutre antes de ser liberado al mundo cuando le corresponde. Ahora bien, ¿qué hay de la creatividad en todos los demás aspectos de la vida? Por alguna razón, cuando muchos piensan en la creatividad, sólo piensan en crear películas y dibujos animados, escribir libros, cantar, actuar, bailar, hacer manualidades, etc. Sin embargo, la creatividad está en todos los aspectos de la vida. Usted puede ser contable, pero su proceso sigue requiriendo creatividad.

Utilizando correctamente la creatividad, puede elevar su estatus financiero. Incorpore la energía del divino femenino para experimentar más de su hermosa influencia en su vida.

Usted tiene un cuerpo energético que está formado por centros de energía llamados *chakras*. Al desbloquear su chakra sacro, experimentará más creatividad en todos los aspectos de su vida. Este centro energético permite que la energía del divino femenino impregne su existencia y, curiosamente, también es el asiento de la energía sexual necesaria para dar vida. Existe una conexión entre la sexualidad y la creatividad, ambas necesarias para la autoexpresión. Quienes han permitido que la divinidad femenina sea más prominente en sus vidas no tienen problemas con la autoexpresión. Suelen ser algunas de las personas más creativas que conocerá porque es imposible crear sin estar conectado con su intuición y vivir una vida en la que su corazón (en lugar de su cabeza) impulsa sus elecciones.

- **La empatía.** La energía del divino femenino es el combustible de la empatía. Este rasgo humano básico es mucho más pronunciado en las personas con la divinidad femenina fluyendo sin trabas en sus vidas. Activar o permanecer en la energía del divino femenino es imposible sin sentir empatía.

La empatía le permite conectar con su intuición y convertirse en una mejor comunicadora. Algunas personas piensan que la empatía es simplemente la capacidad de comprender lógicamente lo que otra persona está experimentando. Sin embargo, es mucho más que eso. Se trata de meterse en el pellejo de otra persona y mirar las cosas a través de sus ojos, de modo que usted sienta genuinamente sus sentimientos. Usted encarna la pena, el dolor, la ira, la alegría, el éxtasis o cualquier otra cosa que haya en el corazón del otro.

Al considerar deliberadamente por lo que otra persona puede estar pasando y cómo se siente, usted fomenta el flujo de lo divino femenino. Conecta mejor con ella. Descubre que no merece la pena juzgar a los demás porque el juicio provoca toxicidad en las conexiones que comparte con las personas de su vida. Es muy fácil suponer que usted haría las cosas de otra manera si estuviera en el lugar de la otra persona, pero la verdad es que no hay forma de saber si usted habría tomado decisiones diferentes en su lugar.

- **Compasión.** Una vez que haya desarrollado la empatía, el siguiente paso es construir la compasión. Estas cualidades están conectadas. ¿Cómo? Es imposible que sea compasivo si no tiene empatía. La compasión es positiva. Le lleva a actuar para aliviar el dolor y el sufrimiento de aquellos con los que siente una conexión empática. La energía del divino femenino es el impulso que le conduce hacia acciones y elecciones compasivas.
- **Equilibrio.** Donde es más típico de la energía masculina llevar las cosas al extremo, la divinidad femenina pide *equilibrio*. El equilibrio es necesario en todos los aspectos de su vida, ya sea el trabajo, el amor, el dinero, la salud, etc. Equilibrar algo significa encontrar el punto ideal entre dos extremos en lugar de empujar hacia uno u otro. Es aprender a amar a los demás sin perderse en el proceso y olvidarse de que también debe mostrarse amor a sí misma. Es ser prudente a la hora de gastar su dinero, pero no ser tan frugal como para no disfrutar. Es hacer todo lo posible por cuidar su salud haciendo ejercicio, comiendo bien y descansando lo suficiente sin ser tan extremista que no pueda atender otros aspectos de su vida. Es dar lo mejor de sí misma en lo que respecta a su trabajo, pero no tanto como para perderse a sí misma y que el trabajo se convierta en toda su identidad.

Si observa a la Madre Naturaleza, se dará cuenta de que el equilibrio está en todo. Cuando sale, el sol no se queda clavado en un punto del cielo. También debe *ponerse*. Brilla, pero no para siempre, ya que la lluvia y la nieve deben caer. Hay calor y frío, izquierda y derecha, arriba y abajo. La dualidad de la vida no significa que deba alinearse con un extremo. La verdad sobre los extremos es que son diferentes caras de la misma moneda. Con la energía del divino femenino, comprenderá esto profundamente y notará que su vida se equilibra como resultado.

Las antiguas raíces de lo divino femenino

Lo divino femenino no es un concepto nuevo. Incluso antes de que existiera un término para esta energía, siempre ha existido. Es primordial. Repase la historia y descubrirá que siempre se ha honrado de alguna manera, ya que los humanos se dieron cuenta hace mucho tiempo del carácter sagrado y la influencia de esta fuerza. Incluso en la antigüedad, la gente era consciente del poder responsable de la creación y la fertilidad, y lo representaban utilizando la imagen de la gran diosa madre. Muchas sociedades y religiones de épocas pasadas tenían en gran estima a la gran madre. Antes de que se produjera un cambio en la filosofía, ésta era la norma. Las religiones patriarcales se abrieron paso a codazos hasta la vanguardia de la conciencia humana. Estas religiones y filosofías utilizaron tal fuerza bruta en su toma de poder que consiguieron hacer de lo divino femenino un concepto olvidado.

Antes de que lo masculino tomara el relevo, las sacerdotisas ocupaban un lugar más destacado en los asuntos religiosos, rituales, etc. Las mujeres eran veneradas como los baluartes de la excelencia en el ámbito espiritual de los asuntos de la vida, y había una paz inconfundible en la sociedad, sin parangón con cualquiera que haya sido la cultura o la época más pacífica bajo el dominio del patriarcado. Las cosas siguieron siendo dichosas hasta que las sociedades guerreras crecieron lenta pero inexorablemente. Examine las sociedades, religiones y culturas antiguas y descubrirá que honraban el arquetipo de la madre en la forma de la Madre Tierra, representándola en diversas formas artísticas y contando historias y mitos sobre ella. Eso dista mucho de la realidad actual, en la que las tres religiones más destacadas -el islam, el judaísmo y el cristianismo- se centran en el culto a un dios masculino.

Gaia

Los antepasados pensaban en la Tierra como la divinidad femenina en forma física, viéndola como un ser femenino que sigue dando y sosteniendo la vida. Tal y como ellos lo veían, la Tierra da vida nutriendo a las plantas, de las que dependen los animales. Los depredadores pueden darse un festín con las presas alimentadas por las plantas. Sus antepasados comprendían que la Madre era la única responsable del flujo incesante de la vida y que cuando las plantas y los animales mueren, regresan a ella para volver a nacer. En otras palabras, lo divino femenino tiene que ver con el ciclo de nacimiento, muerte y renacimiento. No habría ecosistema sin la Madre Tierra. Ella es la máxima dadora de vida, sustentadora y sanadora. En sus manos están la creación y la destrucción, ambas esenciales para la continuación de la vida. Pero, ¿dónde, precisamente, se documentó por primera vez la idea de la Tierra como madre? La primera referencia a esta idea se encuentra en los escritos de los antiguos griegos, que se referían a lo divino femenino como Gaia, la madre de la creación y la diosa de la Tierra, en el siglo VII a. C. Según los griegos, toda la vida comenzó con sólo tres seres divinos: Caos, Gaia y Eros, siendo Gaia la madre de todos los seres divinos.

Venus de Willendorf

Escultura de Venus de Willendorf, una de las representaciones más antiguas de lo divino femenino [2]

Diríjase a Austria y encontrará una de las representaciones más antiguas de lo divino femenino en Willendorf, la Venus de Willendorf. Los historiadores creen que fue tallada entre 25.000 y 20.000 a. C., en la época paleolítica. Puede que la escultura sea pequeña, pues sólo mide 10 centímetros de altura, pero su significado para el pueblo está inconmensurablemente por encima y más allá de esa altura. La figura no tiene rostro. Tiene un vientre saliente, que actúa como un techo sobre su prominente región púbica. Sobre su vientre hay grandes pechos. Juntos, estos rasgos representan la vida, el embarazo, el nacimiento y la fertilidad. Esta escultura carece de rostro para desviar la atención hacia su cuerpo, que significa todo lo relacionado con la vida y su sustento. Curiosamente, no hay tantas figurillas masculinas del Paleolítico como femeninas, lo que aclara que la sociedad de la época era matriarcal.

La dama durmiente de Malta

La dama durmiente de Malta [a]

La dama durmiente es otra ilustración de la Madre Divina en un cementerio neolítico de Malta. Su ubicación exacta es el Hipogeo de Gal Saflieni, ahora Patrimonio de la Humanidad de la UNESCO. Se la representa como una mujer con curvas, profundamente dormida en una cama, tumbada de lado. Los historiadores y estudiosos creen que está relacionada con el sueño eterno de la muerte porque la figura fue descubierta en un lugar de enterramiento. Se la consideraba la diosa de la regeneración, que reinaba sobre los procesos de nacimiento, muerte y renacimiento. También existe la hipótesis de que se la veneraba en una época en la que la gente estaba pasando de la caza y la recolección a la agricultura, cultivando sus cosechas, lo que les permitía permanecer en un mismo lugar en vez de llevar una vida nómada. Este cambio de estilo de vida vino con sus problemas concomitantes, que habrían acabado con su sustento si no lo hubieran abordado. Así que fue natural que se volvieran hacia lo divino femenino, que sabían que podía ayudarles con el cultivo y la procreación.

Las figurillas femeninas cicládicas

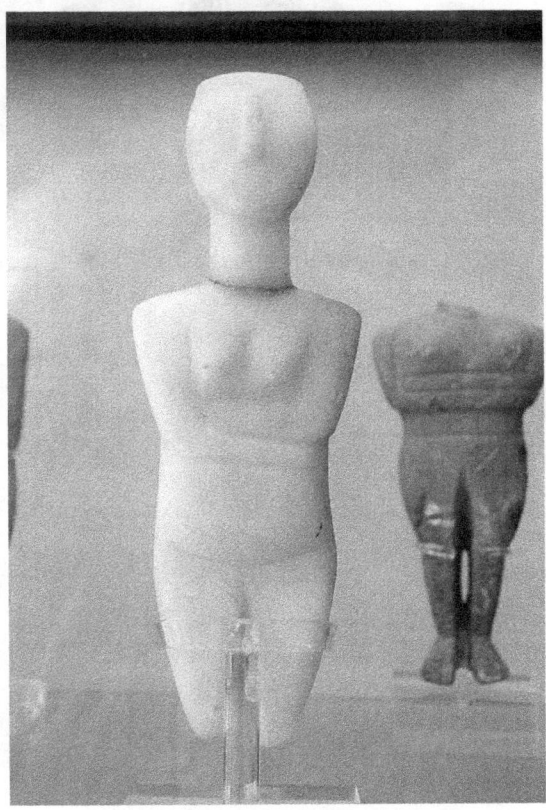

La figurilla femenina cicládica '

La representación femenina cicládica de la Madre Divina difiere de las diosas mencionadas anteriormente, ya que no es voluptuosa. Si se observa su vientre, se aprecia una suave hinchazón que indica embarazo. Esta figura tiene las manos cruzadas bajo los pechos, una pose que recuerda a otras imágenes de Chipre, Palestina, Siria y otras regiones del

Mediterráneo oriental. En aquellos tiempos, la gente moría mucho más a menudo y más joven que en la actualidad. Debido a esta elevada tasa de mortalidad, la gente buscaba el favor de la diosa madre a través de estas estatuillas, pidiéndole que les protegiera y les mantuviera a salvo.

La diosa de las serpientes de Creta

La diosa de las serpientes de Creta⁶

La diosa de las serpientes del palacio de Cnosos data de hacia 1600 a. C. Esta representación de la diosa era venerada por los habitantes de Creta, concretamente por los de la antigua civilización minoica. Es diferente de las iteraciones anteriores de la diosa madre porque su diseño es mucho más intrincado. Su sensualidad es innegable, ya que va vestida con una elegante falda y los pechos al descubierto, simbolizando ambos la nutrición de la leche materna, la fertilidad y la sexualidad de lo femenino. Tiene una serpiente en cada mano, y por una buena razón, ya que las serpientes están relacionadas con el inframundo, la regeneración y la sanación. Los minoicos tenían en alta estima a las mujeres en cuestiones sociales y religiosas, y su vida se basaba en un sistema impresionantemente organizado en el que la agricultura se llevaba a cabo con eficacia.

Maat

Maat era la encarnación de la justicia, el equilibrio y la verdad [6]

Los antiguos egipcios tenían una plétora de diosas femeninas. Estas expresiones de lo divino femenino eran los baluartes del orden, la moralidad, la concepción, la fertilidad, los valores, etc. Maat se ocupaba de mantener la armonía del cosmos. Era la encarnación de la justicia, el equilibrio y la verdad. Los seguidores de Maat creían que cuando fallecieran, el peso de sus corazones se mediría con el de la pluma de avestruz que ella llevaba en la cabeza. Aquellos cuyos corazones eran tan ligeros como la pluma de Maat podían pasar al paraíso, gobernado por Osiris.

¿Por qué debe conectar con lo divino femenino?

No necesita suscribirse a ciertas creencias religiosas para beneficiarse de la energía del divino femenino que fluye en su vida. Es útil saberlo porque puede empezar a transformar su vida ahora mismo. Debería desear recibir el tacto de la Madre Divina en su vida por las siguientes razones:

1. Experimentará una mayor intuición, que le dirigirá hacia donde quiere ir y le alejará del peligro o de cualquier cosa que no le sirva.
2. Se convertirá en una persona más compasiva, lo que le abrirá a experimentar también la compasión y el cuidado de los demás.
3. Aprenderá a relajarse y a confiar más en la vida. Es un regalo necesario en un mundo diseñado para darle cada día más razones para estar ansiosa e insegura. El divino femenino le enseñará a relajarse y a recibir y manifestar sus sueños alineándose energéticamente con sus deseos en lugar de utilizar la fuerza bruta.
4. Estará más en sintonía con la vida, lo que favorecerá su creatividad.
5. Su conciencia y concesión a la energía del divino femenino le llevarán a encontrar un equilibrio entre lo femenino y lo masculino. Como resultado, estará en una posición mucho más poderosa que los demás, equipada para cambiar su vida según sea necesario porque cuenta con la acción directa del divino masculino y la guía intuitiva y el magnetismo del divino femenino.

Al explorar e interactuar con la energía de la Madre, desarrollará una comprensión intuitiva de los asuntos espirituales. ¿Por qué es importante? Porque todo en la vida procede del espíritu, así que si puede descifrar el código encontrando el equilibrio entre ambas polaridades, tendrá una vida que amará cada día más.

Una vez más, nada de lo divino femenino o divino masculino tiene que ver con el género, así que es mejor no vincularlo a asuntos simplistas, que no tienen ninguna consecuencia en la realidad suprema de la vida. Eso sería reduccionista. El espíritu no tiene que ver con esas cosas. Aunque muchos combaten la idea de lo divino femenino argumentando que es feminismo con una nueva máscara, están absolutamente equivocados. Además, lo divino femenino no es una excusa para que la gente impulse sus ideologías fanáticas al límite de si los géneros múltiples o "ser no *binario*" es válido o no - *¡no se preocupe de que "no binario" cree automáticamente un binario!*

Algunas personas han intentado convertir lo divino femenino en un arma etiquetándolo como un ataque a su religión o un intento de fomentar una respuesta femenina al movimiento de la píldora roja que es igual de tóxico. Una vez más, lo divino femenino y lo divino masculino no tienen que ver con estos debates espiritualmente inmaduros. Hay que difundir el conocimiento de esta energía para permitir la integración de ambas mitades, que existen en cada persona y en todo. Esta integración creará la posibilidad de una vida mucho más armoniosa que la que los humanos han tenido que afrontar en la historia reciente.

Si todo el mundo aprendiera a encontrar el equilibrio entre estas polaridades divinas, se daría cuenta rápidamente de lo discutibles que son ciertos debates y conversaciones. Los seres humanos son mucho más que sus sexualidades, géneros o la forma en que se identifican. Usted también se empoderará al comprender la verdad sobre lo divino femenino. Podrá conectar con la diosa que lleva dentro y comprobar por sí misma cómo su vida cambia exponencialmente a mejor.

Sugerencias para conectar con lo divino femenino

1. ¿Puede recordar un momento de su vida o un sueño en el que sintiera poderosamente la naturaleza de la energía del divino femenino, expresada a través de la creatividad, la intuición, la crianza o cualquier otra de sus cualidades?

2. Basándose en las cualidades de lo divino femenino explicadas anteriormente en este capítulo, ¿podría pensar en tres formas de promover el flujo de la energía del divino femenino cada día?

Capítulo 2: Exploración de los arquetipos del divino femenino

Antes de explorar los diferentes arquetipos del divino femenino, es necesario comprender bien qué son los arquetipos. El psiquiatra suizo Carl Jung es la mente brillante que desarrolló el concepto de arquetipos en el siglo XX. Pero eso no significa que estos arquetipos no existieran antes de que él los identificara y les diera nombre. Su objetivo es mostrarle que la feminidad tiene múltiples facetas. Los arquetipos son patrones de comportamiento y expresión que existen en todas las personas.

La feminidad tiene múltiples facetas [7]

Los arquetipos femeninos son la encarnación de diversas características y experiencias propias de la feminidad. ¿Implica esto que sólo hay tantas clases de mujeres como arquetipos femeninos?

No.

Por un lado, los arquetipos femeninos se aplican a todos, mujeres y hombres. Por otro, la idea de los arquetipos no pretende poner a la gente en cajas perfectamente etiquetadas, sino ofrecer diversas perspectivas sobre cómo se encarnan y expresan las cualidades femeninas.

¿Estos arquetipos son sólo negativos o positivos? Tienen sus aspectos de luz y de sombra. La vida es compleja y las personas también. No es realista pensar que cualquier idea, cosa o persona es todo luz o todo oscuridad, todo bueno o todo malo. Este pensamiento en blanco y negro sólo sirve para inhibir la verdadera comprensión de la espiritualidad y, por extensión, de la vida. Otra cosa que debe tener en cuenta al profundizar en los arquetipos es que no son sentencias de muerte, estáticas e inmutables.

Es posible experimentar diferentes arquetipos al mismo tiempo o pasar de uno a otro. Su arquetipo puede depender de la fase de la vida en la que se encuentre. También es posible que cambie de arquetipo, encarnando uno en casa y otro diferente en el trabajo y otro más en relación con la salud, las finanzas, etc.

Con su comprensión de los arquetipos femeninos, sabrá qué es lo que le impulsa, cómo maneja sus relaciones y en qué elecciones es probable que se decida. Entenderá cómo navega por la vida y por qué los demás le responden como lo hacen.

Los cuatro arquetipos femeninos principales

Los principales arquetipos femeninos son **la Doncella, la Madre, la Mujer Salvaje y la Anciana**. Puede pensar en ellos como planos espirituales o energéticos a los que puede conectarse. Es mejor honrar cada uno de ellos en su vida porque fracasará si decide suprimirlos. Peor aún, invocará el aspecto oscuro de este arquetipo en su vida, el lado sombrío. ¿El resultado? Experimentará problemas psicológicos como depresión y ansiedad, y su vida se sentirá totalmente desequilibrada. Sus relaciones y su salud física se resentirán cuando intente suprimir estos aspectos de usted misma. Por lo tanto, tiene que conocerlos y aprender a amarlos.

1. La Doncella

Aspectos luminosos: Apertura, potencial, inocencia, adaptabilidad, nuevos comienzos, pureza, jovialidad, receptividad y curiosidad.

Aspectos en la sombra: Rechazo a liberarse de la indecisión infantil, dudas sobre sí misma, resistencia al crecimiento, miedo, escapismo, estancamiento, ingenuidad.

Correspondencias espirituales: Intuición, agua, primavera, luna, nuevos comienzos, amanecer.

Diosas: Osun, Isis (Aset), Asase Ya, Hestia, Artemisa, Amaterasu, Guan Yin, Rhiannon.

La Doncella

Acerca de este arquetipo: La Doncella es la encarnación de la pureza. La idea errónea común es que la "doncellez" en este contexto se refiere a la sexualidad, pero en realidad es un estado mental. Se trata de un estado de autonomía e independencia, en el que se niega a permitir que nadie ni nada tenga un pedestal en su vida. Usted es su propia persona. La energía de la Doncella es fuerte, dinámica, llena de juventud y alegría de vivir. Cuando deja fluir esta energía, se siente magnética hacia las cosas buenas de la vida. Está llena de positividad, mantiene la mente y el corazón abiertos a lo nuevo, sin miedo a lanzarse de lleno a reinos desconocidos, preguntándose con entusiasmo: "¿Y si...?".

La Doncella no tiene responsabilidades que la agobien ni negatividad o dudas de experiencias pasadas. Cuando encarna esta energía, es asertiva, no teme hacer planes y está dispuesta a conectar con los demás, ya que se encuentra en su momento más sociable. Sabe que hay mucho que descubrir sobre sí mismo y sobre la vida, y aprovecha cualquier oportunidad para aprender. Se cuida, dedicando tiempo a vestirse bien y a fortalecer su cuerpo mediante el ejercicio.

2. La Madre

Aspectos luminosos: Protección, fertilidad, creatividad, cuidado, compasión, desinterés, crianza, empatía y abundancia.

Aspectos de sombra: Asfixia, martirio, sacrificio, control, abandono de sí misma, resistencia al cambio, sobreprotección y un aferramiento desesperado al pasado.

Correspondencias espirituales: Verano, estabilidad, luna llena, arraigo, Tierra.

Diosas: Isis, Kali, Deméter (Ceres), Gaia, Terra Mater, Cibeles, Maia, Nammu.

La Madre⁹

Acerca de este arquetipo: El arquetipo de la Madre es la encarnación de la fertilidad. Es sensual en todas sus formas, nunca le falta de nada, ya que ella es la abundancia misma. Como Madre, su compasión no conoce límites, ni tampoco su generosidad. También es usted más creativa, solidaria, atenta y nutritiva. La Madre no es de las que miman sin sentido, ya que su amor es dulce, suave, pero duro. En todas las religiones, culturas y mitos, la Madre es la Tierra misma. Ella es el único cuerpo verdadero sobre el que la flora y la fauna de la vida " viven, se mueven y tienen su ser".

Cuando expresa su Madre interior, baja el ritmo y se centra en estar presente, comprendiendo que el aquí y ahora es el regalo definitivo que ofrece la vida. Está llena de gratitud por el lugar en el que se encuentra y dispuesta a compartirlo con las personas que aprecia en su vida. Incluso su ropa refleja esta energía, ya que prefiere prendas más cómodas que no le aprieten demasiado ni restrinjan sus movimientos. Si desea amplificar más esta energía, le resultará difícil encontrar una mejor manera que pasar tiempo en la naturaleza. Como Madre, cuida de sí misma, dejando de lado todo aquello que permite que sea más importante que vivir y dándose cuenta de que no hay negocio o trabajo más importante que vivir y ser humana. Se pone en contacto con su corazón, haciendo sólo lo que se siente bien al comprender que es la única obligación que tiene.

3. La Mujer Salvaje

Aspectos luminosos: Transformación, potencial, coraje, libertad, resistencia, sabiduría, autoexpresión, pasión, creatividad.

Aspectos en la sombra: Emociones volátiles, agresividad, celos, autosabotaje, temeridad, posesividad, miedo al compromiso, destructividad.

Correspondencias espirituales: Fuego, energía, pasión, otoño, lugares salvajes, el plexo solar, el sur.

Diosas: Sekhmet, Bastet, Kali, Diana, Lilith, Frey, la Morrigan.

La Mujer Salvaje [10]

Acerca de este arquetipo: El arquetipo de la Mujer Salvaje es más oscuro que los dos anteriores y, por alguna razón, muchos malinterpretan este arquetipo. No se dan cuenta de que este arquetipo es una curandera por derecho propio. Considere la imagen de una mujer medicina, en contacto con la naturaleza, conocedora de sus secretos, y que se niega a ser domesticada o "culturizada". Este arquetipo significa el alma que despierta a la verdadera y máxima realidad de la vida después de haber estado mucho tiempo en un profundo sueño, arrullada en un estado comatoso por las mentiras e ilusiones de la vida física. Es la Mujer Salvaje sólo porque desafía la lógica, siendo más grande que ella, accediendo a los reinos de lo mágico, a los que la sociedad ni toma en serio ni da cabida.

Gracias a la Mujer Salvaje, tiene pleno acceso a su conocimiento interior, permaneciendo permanentemente conectada a su intuición. Este arquetipo es portador de poder de sanación. No hay nada racional en sus formas. Es un terror para quienes se aferran desesperadamente a la necesidad de dar sentido a las cosas. La mente humana teme lo que no comprende y no puede predecir. La Mujer Salvaje seguirá siendo desconocida para la mente que no ha aceptado que hay cosas demasiado grandes para ser contenidas por la secuencia paso a paso característica del pensamiento lógico y racional.

El sistema patriarcal de hacer las cosas ha trabajado sin cesar para borrar todo lo relacionado con la Mujer Salvaje, silenciando a quienes se atreven a hablar de este arquetipo o a expresarlo. Sin embargo, está muy presente y usted puede conectar con ella. La razón por la que está tan reprimida no es que sea problemática, sino porque los males y restricciones de la sociedad se desmoronarían si se le permitiera expresarse plenamente, y algunos odiarían que eso ocurriera. Puede que usted se haya convertido en una participante voluntaria en su supresión, al no permitirle expresarse en su vida. La afirmación anterior no es para avergonzarle, sino para ayudarle a liberarse del hechizo somnoliento que le han lanzado a través del condicionamiento educativo y mediático.

Necesita alejarse de la conexión con los demás y replegarse en su interior para encarnar a la Mujer Salvaje. Además, no debe ceder su poder ni su atención a las pantallas. En su lugar, conéctese consigo misma a través de prácticas conscientes como la meditación. La Mujer Salvaje tiene límites que protege ferozmente, diciendo no a todo lo que no quiere sin remordimientos. Disfruta de la naturaleza, expresa su rabia y no rehúye el trabajo de sombras para revelar sus aspectos más oscuros e integrarlos.

4. La Anciana

Aspectos luminosos: Aceptación, muerte y renacimiento, misterio, liberación, percepción, transformación, guía y sabiduría.

Aspectos en la sombra: Aislamiento, cinismo, un deseo excesivo de control, un aferramiento desesperado al pasado, cinismo, amargura, miedo a la muerte y una profunda resistencia al cambio.

Correspondencias espirituales: Invierno, crepúsculo, luna oscura, finales y comienzos, el vacío.

Diosas: Cailleach, Baba Yaga, Cibeles, Hécate y Las Cacareas.

La Anciana[11]

Acerca de este arquetipo: Se la conoce como la Mujer Sabia y no se le concede el respeto que merece. La gente sólo piensa en este arquetipo como vieja, estéril e inactiva. Piensan en ella como la pérdida de la belleza, pero este arquetipo no es eso. En la cultura popular, se la muestra como una bruja malvada, una anciana expulsada de la sociedad, desterrada a los confines de la comunidad. Se la describe como una amargada y resentida, dispuesta a destruir con artimañas.

Sin embargo, hay un poder en ella del que muchos no son conscientes. Su lentitud encarna el misterio, que contrasta con la vida acelerada a la que muchos están acostumbrados. Su vida es rica y está llena de sabiduría y significado. Se encuentra en una posición en la que no se le exige que consiga nada, ni la seduce el encanto de la "productividad". Está libre de toda expectativa, lo que la coloca en la singular posición de no tener nada que perder. Ésa es la verdadera razón por la que se la villaniza. La persona que no tiene nada que perder tiene verdadera libertad, y es un poder que puede poner de rodillas incluso a los más grandes.

Los otros arquetipos femeninos

La Guerrera

El arquetipo de la Guerrera tiene que ver con la justicia. No tiene miedo de luchar. Cuando usted encarna este arquetipo, le resulta difícil consentir las malas acciones, no decir nada y actuar como si no hubieran ocurrido. Usted no es una persona que se ande con rodeos. No teme decir las cosas exactamente como son. Usted hace algo más que hablar; actúa para corregir la injusticia siempre que puede. Siempre que no pueda ayudar a los demás, reunirá todos los recursos y personas que pueda para que le ayuden.

Como Guerrera, no le importa su seguridad personal porque está comprometida con la misión de arreglar las cosas. Piense en usted misma como una madre osa, protegiendo ferozmente a sus crías hasta la muerte. Eso es lo que significa encarnar este arquetipo. No podría importarle menos si se hace o no enemigos con tal de restablecer la justicia y el equilibrio. No le preocupa que le incomoden o que le quiten su comodidad siempre que se asegure de que prevalezca la justicia.

Ser una Guerrera significa que usted es una persona física. Su mente y su cuerpo poseen una resistencia, una fuerza y una capacidad de recuperación incomparables. Usted es una inspiración para los que le rodean. Sabe transmutar las energías de la rabia y la ira y canalizarlas hacia fines productivos. Entre las mujeres de la historia que han encarnado este arquetipo se encuentran Rosa Parks y Juana de Arco.

La Encantadora

El arquetipo de la Encantadora tiene que ver con el misterio. Su función es la seducción. Con esta energía, usted está más abierta a lo desconocido, se atreve a salir de su zona de confort para adentrarse en el mundo salvaje más allá de lo que comprende. Como la Encantadora, ya no está atada a su pasado porque se niega a ser definida por él. En su lugar, se siente magnetizada hacia el futuro, atraída por el canto de sirena de sus sueños y la posibilidad de lo que podría ser. El aura de la Encantadora es magnética y atrae a todo el mundo. Ella le ayuda dulcemente a darse cuenta de sus deseos más verdaderos y le reta a perseguirlos. ¿Por qué? Ella quiere que vea lo mucho más mágica que podría llegar a ser su vida si abandonara la comodidad de lo familiar.

Jacqueline Kennedy es una hechicera histórica [13]

La Encantadora es carismática y casi nadie puede resistirse a su encanto. Usted es segura de sí misma cuando encarna este arquetipo, y es difícil no verlo. Usted es una luz audaz y brillante, tanto que obliga a los demás a hacer una doble toma cada vez que entra en la habitación. El mundo es su escenario. Usted es la protagonista; todos los demás son actores secundarios o extras, ¡pero usted no es una protagonista odiosa! Usted es un espejo para los demás, mostrándoles lo mucho más que podrían ser. Los que son demasiado inseguros para soportar el brillo de su luz no tienen más remedio que apartarse o apartarse de su camino porque no tiene intención de atenuar su gloria para su comodidad. Entre las hechiceras históricas figuran Mata Hari, Cleopatra, Eva Perón, Jacqueline Kennedy y Madame de Pompadour.

La Amante

El desempeño de este arquetipo le hace apasionada y ardiente por la vida. Como persona sensual, nada escapa a su atención. Lo capta todo, desde las texturas hasta los olores, los colores, los sonidos, etc. Es usted una persona que comprende el valor de estar presente, siempre arraigada en el aquí y el ahora. Se da cuenta de que la vida es romance, no de la forma superficial que se describe en los libros y las películas, sino en la forma en que aborda todo con el corazón de un amante.

Tan presente como usted, reconoce que el pasado encierra valiosos tesoros. Cuando la vida se vuelve demasiado oscura y las cargas demasiado pesadas de llevar, usted busca lo bueno de su situación. El amor que lleva en su corazón le ayuda a seguir adelante sin descanso, sin miedo y dispuesto a dejar caer su ego con temerario abandono. Como Amante, es consciente de su valía. Sabe que tiene un valor incuestionable. Por lo tanto, nada es demasiado bueno para usted.

Usted reconoce que se merece lo mejor de la vida y comprende que los demás también. Nadie es más consciente que usted de la naturaleza fugaz de la vida, así que saborea cada dulce gota del néctar de la vida y se ofrece a cambio por completo. Es consciente de que su amor le coloca en una posición vulnerable en la que podría resultar herida, pero comprende que es normal. No es suficiente para que se retraiga o retroceda. Si desea comprender mejor este arquetipo, debería leer las obras de Rumi.

La Sanadora

El arquetipo de la Sanadora considera que todo está completo. Puede que otros vean roturas e imperfecciones, pero no es así como ella ve el mundo. Su corazón es sensible y sangra por los demás, incapaz de mirar a la gente que sufre sin sentir empatía y compasión. Similar al arquetipo de la Guerrera, el arquetipo de la Sanadora no descansa ante el dolor y el sufrimiento. Sin embargo, su enfoque es más suave.

Cuando usted es la Sanadora, cuida de los demás *y de sí misma* porque comprende que no puede dar lo que no tiene. Conoce la intrincada conexión entre el cuerpo, la mente y el espíritu y que los tres aspectos de uno mismo deben nutrirse y cuidarse. La Sanadora sabe de forma natural lo que ayudaría en cada situación. El cuerpo y la Tierra tienen una sabiduría incomparable y, como Sanadora, usted tiene la capacidad intuitiva de conectar con esta sabiduría. Por lo tanto, sabe lo que funcionaría como solución o medicina de sanación en cualquier momento, independientemente de la dolencia. Usted encarnará más esta energía con una práctica de atención plena como la meditación. La Madre Teresa habría sido un gran ejemplo del arquetipo de la Sanadora, pero cedió a su lado oscuro y lo expresó de forma tóxica.

La Visionaria

La Visionaria también recibe el nombre de *Profeta* o *Vidente*. Tradicionalmente, las personas que encarnan este arquetipo son conocidas por predecir el futuro. Este arquetipo es mucho más que prever posibilidades. Pasa a la acción, canalizando su energía hacia la inspiración de sí misma y de los demás para avanzar hacia lo que podría ser. Una de las cosas más fascinantes de la Visionaria es el poder que reside en su voz. Tiene una habilidad con las palabras que atrae los corazones y las mentes hacia su mensaje. Ella entiende el poder de la palabra hablada y cómo puede mover a la gente hacia la sanación o la destrucción.

Muchas personas temen lo desconocido, negándose a probar algo nuevo porque nunca se ha hecho antes. Sin embargo, a este arquetipo no podría importarle menos si una cosa se ha hecho o no alguna vez. Está mucho más interesada en el potencial, que se encuentra más allá de los reinos de lo familiar y lo conocido. Ella transmuta la energía del miedo en coraje y fe. Con estos rasgos, cabalga hacia nuevos territorios y los conquista en beneficio de todos. Entre los oráculos famosos se encuentran Casandra de Troya, Débora la Profeta, Miriam (hermana de Moisés) y la Pitonisa sibila de Delfos

La Creadora

La Creadora desea expresar la vida y la belleza de todas las formas posibles. Ella puede crear mundos aún no imaginados por ninguna mente y hacerlos realidad. Donde otros ven lo que los ojos les permiten ver, la Creadora ve más allá de lo que es. No sólo eso, sino que también puede llevar lo que ve a la realidad física. Si usted encarna el arquetipo de la Creadora, comprenderá que no está haciendo la creación por sí misma. En su lugar, está sirviendo de canal o conducto para permitir que la creatividad fluya a través de usted y tome la forma que quiera, ya sea un par de calcetines que esté tejiendo o una pieza de música que esté componiendo. La Creadora se siente más realizada cuando puede crear.

Si se ha sentido deprimida o fuera de contacto con la vida, puede que le resulte útil explotar este lado de sí misma. Algunos ejemplos excelentes de este arquetipo son Jane Austen, Virginia Woolf, Augusta Savage, Louise Bourgeois y Safo.

Un ejemplo del arquetipo de la Creadora es Virginia Woolf [18]

La Reina

Este arquetipo trata de construir un legado. Todos los arquetipos son capaces de ser líderes. Sin embargo, la Reina tiene un talento natural para ello. Debe saber que, de todos los arquetipos, ella es la de tendencia más masculina. Cuando usted es la encarnación de la Reina, comprende lo poderoso que es abordar cada problema utilizando la estrategia, y se da cuenta de que su objetivo es servir a un propósito más elevado que sus ambiciones personales. Sus decisiones no son egoístas, ya que las adopta sólo después de considerar detenidamente a todos y a todo lo que se verá afectado. Se da cuenta de la importancia de considerar las consecuencias. Aunque reconoce el encanto de vivir la vida según sus propios términos, opta por sacrificarlo en pos de objetivos más allá de lo ordinario. Al hacerlo, sumerge su vida en profundidades significativas mucho más allá de lo que otros podrían llegar a imaginar.

Como la Guerrera, usted tiene una energía sin igual. No permite que nada le desvíe de su vocación y propósito más elevados. Aunque siempre está prestando atención a diversas perspectivas y opiniones sobre cuál sería el mejor curso de acción, sólo usted es el árbitro final que determina lo que debe suceder. Cuando hace sus pronunciamientos, no están sujetos a negociación o discusión. Todos deben acatar su decreto. Entre las personas que exhibieron la verdadera energía de la Reina se encuentran Margaret Thatcher, la reina Isabel I, la reina Isabel II y la reina Victoria; Atenea, la diosa griega de la estrategia marcial y la sabiduría; el faraón Hatshepsut y la faraona Nefertiti.

La Sacerdotisa

Nada importa más al arquetipo de la Sacerdotisa que la iluminación. Al ser una mística, desea ver la conexión entre todas las cosas físicas y espirituales. Como sacerdotisa, usted no condena nada por ser profano porque se da cuenta de que todas las cosas surgen de una misma fuente y, por lo tanto, son sagradas. Usted tiene el papel crítico de recordar a la gente sus orígenes divinos y de llamarlos de vuelta a su verdadero ser. Al igual que la Sanadora y la Guerrera, usted no desea otra cosa que devolver las cosas a su orden correcto. Sin embargo, usted libra esta batalla en el plano espiritual, energético.

Usted devuelve a las personas a su verdadero ser transmutando la oscuridad en luz. Has pasado tiempo en aislamiento, estudiando los caminos del espíritu y cómo se expresa en el mundo físico. Intuitivamente consciente de los viejos caminos y sabiendo cómo utilizarlos, usted crea una vida que funciona para todos. Otros pueden pensar en los milagros como algo puntual, cosas que sólo ocurren de vez en cuando. Pero para usted, los milagros son cosas de un momento a otro. Donde la gente no ve más que un callejón sin salida, usted ve siempre una salida.

Sabe que nunca podría quedarse atascada porque nunca está sola. Lleva en su interior el poder divino de la fuente suprema de todas las cosas. Éste es el poder de Dios. Usted reconoce que, aunque las cosas parezcan aleatorias y caóticas, obedecen a un guion divino que no puede alterarse y que, en última instancia, conduce a la iluminación de todos. Usted se toma al pie de la letra el versículo: «Pedid y se os dará; buscad y encontraréis; llamad y se os abrirá», no porque sea una ilusa, sino porque ésa ha sido su experiencia de vida. Algunos ejemplos de personas que han encarnado esta energía son Rābi'Un al-'Adawiyya al-Qaysiyya, Lalleshwari, Hildegarda de Bingen, Teresa de Lisieux, Mirabai, Alexandra David-Néel y Hazrat Babajan.

¿Cuál es su arquetipo?

Después de haber leído todos estos arquetipos, puede que se encuentre un poco confusa porque se reconoce en cada uno de ellos. Casi le hace suponer que todo el concepto de arquetipos debe ser una tontería, ¿verdad? No existe tal cosa como tener un arquetipo en particular. Puede pasar fluidamente de uno a otro o encarnar varios al mismo tiempo. Sin embargo, puede que se haya dado cuenta de que enfoca la vida a través de la lente de un arquetipo específico más que de los demás.

Esta toma de conciencia le ayudará a navegar por su existencia mucho mejor de lo que lo ha estado haciendo. ¿Por qué? Encontrará la forma de equilibrar todos estos arquetipos, pasando con fluidez de uno a otro según sea necesario, porque cada situación de la vida requiere estrategias y tácticas diferentes para abordarla. Cuando pueda reconocer sus arquetipos femeninos dominantes e integrarlos, transformará su vida para mejor. Antes de pasar al siguiente capítulo, aquí tiene unas preguntas sobre las que reflexionar para comprender mejor su mundo interior:

1. De todos los arquetipos presentados, ¿cuál se siente más cercano a sus aspiraciones y experiencias?
2. Al reflexionar sobre los distintos aspectos de su vida (espiritual, mental, físico y emocional), ¿qué arquetipos encarna más en cada uno de ellos?
3. ¿Con qué arquetipo estaba menos conectada? ¿A qué cree que se debe?
4. ¿Qué arquetipos desearía encarnar, pero siente que no puede? ¿Por qué?

Los capítulos venideros le ayudarán a descubrir quién es usted y le conectarán con sus expresiones únicas de la energía del divino femenino, en particular en lo que respecta a los cuatro arquetipos femeninos principales.

Capítulo 3: Descubrir a la diosa interior

Su diosa interior no se parece en nada a la máscara que ha tenido que ponerse para sobrellevar la vida cotidiana. Su auténtico yo reside dentro de usted, y su poder y confianza no tienen comparación. A ella no le importa lo que la sociedad espera de usted, y no tiene ni tiempo ni paciencia para dudar de sí misma. Usted honra a su verdadero yo cuando le permite manifestarse en su vida.

Libere a la diosa que lleva dentro [14]

Sus puntos fuertes brillan y ya no oculta sus pasiones por miedo a que la menosprecien o se burlen de usted. No le importa porque sabe que no hay nada más satisfactorio que ser su verdadero yo. Ella es esa parte de usted que le ayuda a inspirarse para crear y que le animará en los momentos más oscuros y en los peores.

Los beneficios de conectar con su diosa interior

Todo el mundo quiere experimentar un crecimiento personal y ser lo mejor posible, pero no todo el mundo sabe cómo. Pues bien, no hay mejor forma de lograr este objetivo que poniéndose en contacto con la diosa divina que lleva dentro. Al hacerlo, exhibirá sabiduría, poder y gracia en todo lo que haga, pues ya no se verá arrastrada hacia un lado u otro por las voces y las circunstancias que le rodean. La tuición de la diosa que lleva dentro le guía. No hay nada mejor porque ella sabe lo que necesita para prosperar mejor que nadie, y confiar en su guía le dará confianza en sí misma.

¿Se ha sentido desconectado de la vida? ¿Tiene la sensación de que no está viviendo su propósito? ¿Siente que su vida no tiene dirección? Si es así, encontrará muchos beneficios al ponerse en contacto con su diosa interior. Al hacerlo, por fin será capaz de mirar todo en su vida con aceptación.

Incluso las cosas por las que antes se criticaba terriblemente adquirirán un nuevo brillo, y verá que no hay ni una sola parte de lo que es que no merezca su amor. Descubrirá cómo todos sus rasgos se unen para hacer de usted lo que es, alguien insustituible. Cada arquetipo tiene su lado luminoso y su lado oscuro, al igual que cada ser humano. Cuando acepte esta verdad, se aceptará a sí misma y dejará de trabajar bajo el peso de las comparaciones injustas. Deja a un lado el asunto infantil de fijarse expectativas poco realistas, y como resultado, su autoestima se restablecerá.

Otro beneficio de abrazar a su diosa interior es que dejará caer todas las máscaras y disfraces que ha llevado toda su vida. Los cogió sólo por una cuestión de supervivencia porque había aprendido desde muy pronto que el mundo no le aceptaría si se mostraba como su verdadero yo. Sin embargo, estos disfraces y máscaras no han hecho más que oscurecer su luz. Le han hecho renunciar al resplandor de su verdadero y auténtico yo, rehuyéndolo y eligiendo los harapos de la conformidad y la definición de aceptación de la sociedad, que, en su núcleo, es falsa. La aceptación de la sociedad es un mensaje a su alma de que será recibida con los brazos abiertos mientras se presente como cualquiera menos como quien es. Eso no es aceptación. Eso es una propuesta que le obliga a rechazarse a sí misma, y es tan insidiosa porque sigue sin ser consciente de que nadie tiene el poder de rechazarle salvo usted.

Nada de esto es culpa suya, así que no pierda el tiempo revolcándose en la autoculpabilidad. Ahora que es consciente de cómo le han puesto una venda sobre los ojos, puede arreglar el problema con la ayuda de la diosa divina que lleva dentro. Su luz atravesará la oscuridad de la inautenticidad si usted lo permite, y recordará cómo respirar de nuevo por primera vez en mucho tiempo. Recordará lo que le hace vibrar, lo que le hace sonreír, lo que le alimenta de alegría y vida, e irá tras esas cosas con la tenacidad implacable de mil caballos de tiro, como hacía cuando era niña antes de que el mundo se le metiera en la cabeza y dijera que quien era usted era inaceptable.

A medida que encarna su auténtico yo, atrae a una comunidad de otras personas cercanas que comparten la misma visión. Atrae a personas que han acabado con la necesidad de enmascararse o fingir ser distintas de lo que son. Como resultado, sus relaciones serán más dulces, profundas y satisfactorias. Usted tiene el potencial de encarnar lo divino femenino en múltiples facetas, y cuando lo haga, no se arrepentirá de haberse atrevido a dar el paso.

Una guía inclusiva para identificar quién es usted: Doncella, Madre, Mujer Salvaje o Anciana

Una vez más, no está excluida de canalizar la energía divina femenina en su vida en virtud de su género. Independientemente de cómo se identifique, lo más probable es que esté expresando uno o una combinación de los cuatro arquetipos principales. Pero, ¿cómo determinar cuál es usted? Utilice esta guía como ayuda.

Empiece por considerar las cosas que más valora en la vida. Sus valores le darán una pista sobre el arquetipo que encarna. Si la inocencia le importa más que cualquier otra cosa, entonces está claro que usted es la Doncella. Si se encuentra a menudo asumiendo el papel de sustentadora, usted es la Madre. Si se encuentra en una fase de la vida en la que nada le importa más que su libertad y va sin descanso tras sus pasiones, entonces lo más probable es que sea la Mujer Salvaje. ¿Y si descubre que está siendo más perspicaz a la hora de tomar sus decisiones y que ha llegado a un lugar de auténtica aceptación? Entonces, está en contacto con su Anciana interior.

Observe detenidamente dónde se encuentra actualmente en la vida. En particular, ¿qué objetivos se ha fijado? Usted encarna a la Doncella si ha decidido emprender nuevas aventuras sin reservas. Usted tiene su entusiasmo por la vida, indomable a las decepciones. ¿Su deseo es ser una persona solidaria? ¿Está construyendo algo, ya sea una familia, relaciones o proyectos? Entonces, usted se encuentra en su energía Madre. Si se lanza constantemente a lo inexplorado con un abandono temerario, entonces está siendo la Mujer Salvaje. Si tiene que hacer una pausa y reflexionar antes de pasar a la acción, buscando un significado más profundo en sus elecciones y en su lugar en la vida, entonces está en su energía de Anciana.

Examine sus relaciones con los demás en su vida. Como Doncella, es más probable que sea curiosa y juguetona a la hora de relacionarse con gente nueva y de comprometerse con los que ya conoce. Como la Madre, es usted a quien la gente recurre siempre que necesita consuelo, estabilidad y apoyo. Cuando es la Mujer Salvaje, aunque disfruta de sus interacciones con los demás, tiene cuidado de que no apaguen su pasión, ni deja que obstaculicen su independencia y libertad. Como la Anciana, usted es la persona del grupo de amigos a la que los demás recurren siempre que necesitan un consejo que les ayude a sortear situaciones difíciles. Usted es la mentora. Las personas de su vida reconocen su experiencia y sabiduría, y confían en que su orientación será segura y acertada.

Fíjese en las actividades e intereses que le proporcionan placer y energía. Dado que la Doncella representa el inicio del ciclo de la vida, le encanta aprender nuevas habilidades. Si es así, esa es la energía que está encarnando y lo único que le interesa es el crecimiento que proviene del aprendizaje. ¿Se siente atraída por actividades en las que desempeña el papel de cuidadora? ¿Le encanta ayudar a la gente a recomponerse? ¿Le interesa llevar los proyectos a buen término? Usted está siendo la Madre.

Como Mujer Salvaje, se niega a formar parte de nada que no haga cantar a su corazón. Todo lo que hace ahora le produce alegría o está orientado a satisfacer los deseos de su corazón. Si está más interesada en actividades que le ayuden a descubrir la sabiduría y a aplicar en la práctica los conocimientos que ha acumulado, está siendo la Anciana. No tiene prisa por implicarse en cosas que no le interesan.

Pregúntese qué es lo que más teme y cuáles son sus máximas aspiraciones. ¿Le aterroriza no empezar nunca a hacer las cosas que le importan? ¿Le preocupa no descubrir nunca todo lo que la vida puede ofrecerle? Puede que se encuentre en su fase de Doncella. Si lo que más le asusta es la idea de tener que dejarse llevar o de no controlar su vida, entonces puede que esté exudando energía de Madre. Como Mujer Salvaje, nada le alarma más que la idea del compromiso porque significa que perderá su libertad y estará atada a un punto, que es la antítesis completa de la energía de este arquetipo.

A continuación, considere sus aspiraciones. La Doncella anhela crecer. Sabe que podría ser mucho más. Se da cuenta de que la única forma de crecer es vivir experiencias nuevas para ella. La Madre ha hecho su exploración y ahora busca más estabilidad en su vida, así que si ésta es usted, está más interesada en crearse una base sólida como una roca. Como Mujer Salvaje, descubre que está preparada para ser su yo más auténtico y verdadero, lo que significa volverse egoísta, en el buen sentido. Reconoce que ha llegado el momento de devolverse a sí misma. Si es usted la Anciana, desea encontrar la paz interior y vivir una vida que inspire a todos.

Prácticas para integrar su arquetipo femenino dominante

Para la Doncella:

1. Dedíquese a la práctica de escribir un diario. ¿Por qué? A medida que escribe en su diario, descubre más de lo que es, lo que le da una pista sobre lo que debe explorar en su vida. Todo lo que necesita son 15 minutos cada día para disfrutar de los mágicos beneficios de llevar un diario. Así pues, escriba en su diario cada nueva idea que tenga, lo que puede haber despertado su interés últimamente, cómo piensa perseguir dicho interés y lo que espera conseguir durante el día. Asimismo, dedique de cinco a diez minutos por la noche a escribir en su diario, reflexionando sobre cómo le ha ido el día y si se ha alineado con los objetivos que se marcó al principio. Otra posibilidad es que prefiera utilizar su diario nocturno para fijar sus objetivos para el día siguiente.

2. Haga una lista de todo lo que le interesa y seleccione lo que le gustaría convertir en afición. Descubrirá que las mejores cosas a las que dedicarse son completamente nuevas para usted, ya que esto alimentará su sentido de la maravilla y su deseo de explorar más a fondo el tema elegido y su autoexpresión a través de ese medio.
3. Piense en una cosa que podría hacer para ser amable con otra persona cada día. Lo ideal sería que no pudieran devolvérselo y que usted tampoco utilizara su amabilidad como moneda de cambio. No tiene que arruinarse para ser amable. Un cumplido considerado, una nota de agradecimiento escrita a mano o la voluntad de ofrecer su tiempo y atención a una causa o a alguien es un excelente punto de partida.

Mantra: *"Satisfago mi curiosidad y abrazo todas las posibilidades".*

Para la Madre:

1. Mantenga siempre su espacio despejado y organizado, ya que esto le ayuda a sentirse en contacto con su energía materna. Se beneficiará mucho colocando elementos de la naturaleza alrededor de su casa. ¿Vive con otras personas? Se beneficiará de tener un espacio especial decorado a su gusto, lo que le permitirá volver a encarnar la vibración de la Madre siempre que se sienta fuera de sí.
2. Puede sentirse realizada alimentando a otras personas con comidas buenas y nutritivas. Incluso si no hay nadie viviendo con usted, puede ser Madre para usted misma atendiendo a sus necesidades nutricionales, haciéndolas con amor y desde cero. Cuando otros estén presentes, cree un espacio amoroso de generosidad y de compartir haciendo que todos cenen juntos en un espacio agradecido y consciente.
3. Piense en formas de apoyar a los que le rodean y vea cómo puede mostrarse a su lado como lo haría una madre. Puede hacerlo de formas sencillas, como escuchando a alguien sin juzgarle u observando a las personas de su vida y ofreciéndoles palabras o actos de servicio que sepa que harían sus vidas más llevaderas. Nunca pierda la oportunidad de demostrar empatía. Cuando no encuentre una oportunidad, siempre puede crear una siendo proactiva y actuando con compasión en lugar de esperar a que le pidan ayuda.

Mantra: *"Me nutro y nutro a los demás. Soy seguridad, paz, calidez y amor".*

Para la Mujer Salvaje:

1. Considere actividades que le centren en su cuerpo. Cuanto más tenga que moverse, mejor. Así que pruebe con el yoga, dedíquese a bailar, haga largas caminatas por la naturaleza o, si es atrevida, pruebe con la escalada, el parapente, etc.
2. Comprométase consigo misma a no decir nunca nada que no sea la verdad, y nunca se disculpe por decir las cosas con sinceridad, tal y como son. En lugar de reprimirse, deje que su creatividad corra salvaje y libre, y si se topa con obstáculos en las normas arbitrarias que la sociedad utiliza para amortiguar su espíritu, vaya a toda máquina inclinándose a ser más de lo que es sin reservas.
3. Decida ser espontánea. Si le invitan a algún sitio, diga que sí, independientemente de sus planes (siempre le llame la atención, claro). Acepte sin reservas las oportunidades de abandonar su zona de confort. Nunca se detenga a pensarlo. En su lugar, confíe en que la magia de la Mujer Salvaje le conducirá a lugares agradables y sorpresas maravillosas.

Mantra: *"Alimento mi pasión. Honro mi libertad. Sigo a mi corazón con alegría y abandono".*

Para la Anciana:

1. Dé prioridad al silencio. Dedique un tiempo cada día a pensar sobre lo que ha aprendido o está aprendiendo, cómo le va y hacia dónde se dirige. Pasear por la naturaleza o simplemente sentarse con ella a su alrededor es excelente para estas sesiones de autorreflexión. Ganará mucho con la meditación. Así que siéntese en silencio durante al menos 10 o 15 minutos al día, dejando que los pensamientos vayan y vengan sin aferrarse a ellos ni comprometerse con ellos.
2. Debería relacionarse con mentores y con los ancianos de su entorno si aún no lo ha hecho. Tienen mucha sabiduría que compartir y cuanto más hable con ellos, más se le contagiarán sus conocimientos. Descubrirá que no tiene por qué cometer errores cuando puede aprender de las experiencias de otros que ya han tomado los caminos que usted está considerando. No se limite a tomar y tomar sin devolver nada cuando esté con ellos.

Comparta también lo que ha aprendido. Sus interacciones con estas preciosas almas deben ser equilibradas y enriquecedoras para todos.
3. Dedique tiempo a contemplar que todo en la vida se mueve por la mecánica de los ciclos. Nada permanece igual para siempre. En otras palabras, puede reflexionar sobre la vida y la muerte, los comienzos y los finales, las veces que debe aferrarse y las veces que debe soltar y dejar ir las cosas. Le ayuda a encontrar la paz interior y evita que entre en una espiral de pensamientos negativos sobre el "mal" de los finales. Al fin y al cabo, cada final es un nuevo comienzo digno de aceptación y celebración.

Mantra: *"Acepto la vida. Expreso sabiduría. Estoy en paz con los finales y los comienzos".*

Cómo abrazar y transmutar sus rasgos sombríos

Independientemente del arquetipo divino femenino que esté encarnando, lo más frecuente es que tenga rasgos de sombra que superen a sus aspectos de luz. ¿Cómo lo maneja cuando esto sucede? He aquí algunos consejos generales:

1. Acepte que estos rasgos en la sombra forman parte de lo que usted es. Si no lo hace, parecerá que le tienen prisionera. No hay forma de que aprenda qué le lleva a expresar estos aspectos oscuros, y mucho menos de que los controle.
2. Sea más consciente de sí misma utilizando la meditación, la contemplación y el llevar un diario, entre otras prácticas similares, para entrar en contacto con su auténtico yo. Estas herramientas le ayudarán a saber quién es, qué siente, qué piensa y por qué actúa como lo hace. Esto es necesario antes de que pueda abrazar su lado sombrío y transmutarlo.
3. Reformule su lado oscuro reconociendo que le permite convertirse en la mejor versión de sí misma. Si siente curiosidad por él, aprenderá cómo le sirve y se convertirá en mejor persona por ello.
4. Preste atención a cómo se habla a sí misma. Si es cruel y cortante, tiene que cortar con eso ahora mismo y elegir ser compasivo en su lugar. Si no se lo diría a un amigo, no tiene

permiso para decírselo a sí mismo.

Aquí tiene consejos específicos para cada uno de los 4 arquetipos femeninos dominantes.

Para la Doncella: Cuando su lado sombrío toma el control, es propensa a depender excesivamente de los demás, a actuar de forma irresponsable y a ser un poco demasiado ingenua para su propio bien. Cuando se encuentre expresando estos rasgos de sombra, vuelva a ser curiosa. Apasiónese por descubrir las cosas por sí misma. La curiosidad le ayudará a lidiar con su ingenuidad, ya que aprenderá lo que necesita para progresar en la vida. Si se siente abrumada, no tema pedir ayuda, pero tampoco se haga la damisela en apuros. Siempre debe poner de su parte para mejorar su situación. Cuando inevitablemente cometa errores (todo el mundo los comete), asuma rápidamente la responsabilidad de sus decisiones y dirija su atención a la búsqueda de soluciones.

Para la Madre: Como su yo en la sombra, usted tiende a ser sobreprotectora. Naturalmente, esto significa que hará lo que crea que debe hacer para mantener a salvo a las personas que quiere. Entonces, ¿cuál es el problema aquí? Su sobreprotección le lleva a ser manipuladora. Con el tiempo, cuando las personas que le rodean estén hartas, se sentirán asfixiadas por usted. Por lo tanto, su tarea es aprender a trazar la línea no sólo para los demás, sino para usted misma. Puede ayudar hasta cierto punto, pero no más allá. Debe darse cuenta de que las personas son seres autónomos que pueden y tomarán sus propias decisiones, independientemente de sus consejos u opiniones.

Por lo tanto, practique la confianza en los demás y sea deliberada a la hora de soltarlos cuando sienta que está siendo autoritaria o manipuladora. En lugar de ser sobreprotectora, reconozca la independencia de los demás y hónrela. En lugar de forzar mentalmente a alguien para que haga lo que usted quiere mediante la manipulación, comunique sus preocupaciones utilizando la razón y luego quite las manos del volante. En lugar de asfixiar a la gente, deles espacio para respirar y resolver las cosas por sí mismos, porque sólo así crecerán.

Para la Mujer Salvaje: Lo salvaje es divertido, pero cuando se le va de las manos, puede volverse demasiado temeraria; algunos dirían que hasta el punto de ser destructiva. Incluso se sabotea a sí misma en el proceso. ¿Cómo puede combatir este lado oscuro? Aprenda a ser más estratégica a la hora de decidir qué merece la pena arriesgar y qué no. Tome esa energía suya salvaje y hermosa y canalícela deliberadamente sólo hacia fines constructivos. Las señas de identidad de este arquetipo son la aventura y la espontaneidad, dos cosas que garantizan que se cometerán errores. Así que, cuando se dé cuenta de que ha errado el tiro, asuma su error. Reconozca que aceptar la responsabilidad de que las cosas no salgan como usted prefiere no es una acusación contra quién es usted o su valor intrínseco.

El trabajo de transmutación que se le ha encomendado consiste en domar su temeridad hasta que disponga de información suficiente para desatarla como le plazca. Tome su tendencia a destruir y cámbiela hacia la creación, ya sea un proyecto, una nueva habilidad o conexiones con los demás. En cuanto a su aspecto autosaboteador, puede sofocarlo fácilmente cuando elija ser compasiva y amable consigo misma, perdonándose todo lo que le echa en cara. Al fin y al cabo, tomó las mejores decisiones que podía tomar en ese momento con la información y su estado de ánimo. Puede que las cosas no salgan bien, pero eso no significa que deba mantener sus defectos percibidos colgando sobre su cabeza como una guillotina.

Para la Anciana: Su yo en la sombra prefiere desconectarse de los demás, aislándose por completo para que nadie pueda llegar a ella. En este estado usted está llena de cinismo, nunca espera nada bueno de nadie ni de ninguna situación. Es usted demasiado rígida, está anclada en sus costumbres y no está dispuesta a probar algo nuevo (aunque pueda ser mejor que lo que tiene ahora mismo). Tiene que "encontrarle la gracia" a la vida, por muy oscura que parezca. Siempre hay algo de lo que reírse, pero primero tiene que buscarlo. Se beneficiará enormemente si acepta que las cosas cambian y aún más si trabaja activamente para crear una comunidad de personas con una visión compartida.

Su cinismo puede y debe transmutarse en sabiduría. Una parte crucial de la sabiduría es el discernimiento, que es fundamental para ayudarle a comprender en quién y en qué confiar. Tiene esta capacidad en su interior, y cuanto más trabaje con ella, más contará con usted mismo. Una vez que confíe en sí mismo, su cinismo se derretirá porque se dará cuenta de que, aunque los demás demuestren ser algo distinto de lo que parecían en un principio, usted hará lo correcto por sí misma alejándose y afirmando sus límites. Elija ser flexible. Piense en las cosas arbitrarias que se ha impuesto y cuestiónelas. Esté dispuesta a aprender nuevas formas de ser y de vivir. Le encantará.

El mundo interior y el mundo exterior

Encarnar y expresar su energía femenina depende en gran medida de dos entornos: el de su mente y el que le rodea. Es mucho más probable que se exprese de verdad cuando estos dos entornos están en armonía, permitiéndole honrar lo divino femenino. Así pues, he aquí formas de establecer espacios sagrados en los que pueda rejuvenecer y practicar la autorreflexión:

Crear un espacio para concentrarse afecta a su capacidad de concentración [16]

- **Elija un lugar de su casa que pueda reclamar como propio:** Elija un lugar que todo el mundo sepa que debe evitar, ya que es su lugar privado. Este espacio debe tener sus efectos personales y decoraciones que le recuerden a su arquetipo. Puede decorarlo con piedras únicas, cristales, plantas, esculturas, campanas de viento o cualquier otra cosa que crea que encaja con la vibración de su arquetipo. Este lugar debe ser tranquilo, o al menos debe tener un sonido ambiente que no le distraiga de sus prácticas espirituales y de autorreflexión.

- **Coloque un altar en este espacio:** No tiene que hacerlo si no quiere, pero los altares son encantadores porque actúan como un imán energético, atrayendo su atención hacia su meditación, contemplación, registro en un diario y rituales, a la vez que atraen la energía divina femenina para que la sienta real. Su altar podría tener estatuas o imágenes de las diosas que le atraen, piedras preciosas, flores hermosas, libros que tengan significado para usted y le recuerden quién es, y cualquier otra cosa que su corazón le diga que encajaría en él. Podría tener velas, que sólo deberían encenderse cuando pueda vigilarlas. Las velas perfumadas serían una adición impresionante a su altar para una experiencia más sensorial.

- **Prepare su mente y su corazón:** Para su "entorno" mental y emocional, siempre debe dejar atrás todos sus problemas cuando llegue el momento de hacer su trabajo, ya sea un ritual, *shadow work* (trabajo de sombras), meditación o cualquier otra cosa. Si trae consigo dichos problemas, debería ser intencionadamente, con la comprensión de que los transmutará en mejores resultados a través de sus rituales. En otras palabras, debe tener la intención de que lo divino femenino le ayude con lo que le esté molestando. Esta intención le ayudará a pasar de una energía de miedo, ansiedad y preocupación a la paz, la gratitud y la confianza en que la amorosa diosa madre ya lo ha solucionado todo.

Antes de terminar este capítulo, hay un punto que debe tener siempre presente: Tendrá una conexión más profunda con lo divino femenino cuando acepte que es digna. Es digna de tener el don de la vida. Es digna de su amor, atención y otros regalos por el simple hecho de que existe. No necesita hacer, ser o tener alguna cualidad extra especial y efímera para experimentar la realidad y el amor de esta energía en su vida.

Hay una cosa que debe hacer: Descubrir su autoestima. Utilizando los ejercicios prácticos de este capítulo, seguro que la encontrará. Aquí hay algo aún mejor: *Descubrirá que su valía no tiene fin ni profundidad. Su autoestima es infinita.* Empiece ya a utilizar los consejos que ha recibido hasta ahora. Empiece a amar su magnífico yo; empiece a crear como si nunca pudiera crear mal, y asómbrese de cuánta compasión puede extenderse a sí misma, incluso cuando su ego intente convencerle de que no está tan buena.

Capítulo 4: La unión sagrada interior: Equilibrando sus energías

Como ahora sabe que lo divino femenino y lo divino masculino existen en todos, y ha empezado a aprovechar lo divino femenino, le resultará más fácil dejar que la luz de la sabiduría divina que hay en usted ilumine su camino. ¿Qué ocurre a continuación? Bueno, necesita comprender el núcleo de cada energía, cómo se desarrollan y qué las hace distintas. Armada con esta información, podrá saber cuándo está desequilibrada, viviendo una vida que se inclina más hacia una energía que hacia la otra. Por lo tanto, le resultará más fácil encontrar su centro y, como resultado, su crecimiento espiritual y su bienestar general le asombrarán.

Equilibre sus energías divinas femeninas y masculinas [16]

El concepto de dualidad

La simple observación del mundo que le rodea debería indicarle que hay algo raro en la idea de que sólo existe un Dios que sólo tiene atributos masculinos. La misma extrañeza debería asaltarle incluso cuando se encuentra con religiones o prácticas que afirman que este Dios es realmente una diosa y que no hay ningún otro aparte de ella. Observe la vida y descubrirá que todo tiene su polo opuesto, aunque "opuesto" no sea necesariamente la mejor forma de expresarlo.

Verá, una cosa y su opuesto son en realidad una misma cosa. Si tiene una moneda de diez centavos, el hecho de que tenga cara y cruz no significa que tenga dos monedas de diez centavos. Comprenda que esta verdad se aplica a todo en la vida, incluso si ha sido consciente de ello. Los aparentes opuestos no son más que la misma cosa en los extremos de un espectro.

Lo mismo puede decirse de la divinidad.

Durante demasiado tiempo, muchos han asumido que Dios es masculino, pero ahora usted comprende que Dios es tanto masculino como femenino. La fuerza creadora responsable de toda la vida lleva la dualidad reflejada en su creación.

El universo se rige por ciclos y estaciones. Esta progresión de ciclo en ciclo se produce incluso cuando se expresa la divinidad como masculina o femenina. Lo divino masculino ha tenido precedencia sobre lo divino femenino, gobernando de forma suprema durante al menos 25.920 años en la Tierra. Este ciclo alternante es real, tanto que tiene su propio nombre: la Precesión de los equinoccios. Sin falta, la Tierra recorre cada signo del zodiaco, tardando al menos 2.152 años en pasar de un signo al siguiente. Para cuando este pequeño punto azul completa su recorrido por cada casa astrológica, han transcurrido al menos 25.000 años.

Resulta que usted tiene la suerte de vivir durante una época en la que la energía masculina está terminando su curso y es testigo del ascenso de la humanidad a un nuevo nivel de conciencia. En esta era, la Era de Acuario, todas las almas despiertan a una comprensión más elevada y profunda de la vida que siempre han llevado dentro, pero de la que han sido inconscientes durante demasiado tiempo. Se dice que es entonces cuando la 5ª dimensión se hace real para todos. Es cuando lo divino femenino y lo divino masculino se expresan en armonía entre sí y con cada corazón y cada alma. Usted ya está experimentando esta transformación, y este libro que está leyendo es una prueba.

¿Qué es lo divino masculino?

Lo divino masculino es una parte esencial del universo, al igual que lo es lo divino femenino. Del mismo modo que es imposible concebir un niño sin las células reproductoras masculinas y femeninas, es imposible concebir un universo sin que lo divino masculino y lo divino femenino trabajen en armonía. Usted busca comprender qué es lo divino masculino. No hay mejor manera de hacerlo que analizando sus rasgos.

- **Asertividad:** Lo divino masculino equilibra la pasividad del divino femenino. La asertividad es la cualidad de hacer lo que hay que hacer para obtener los resultados requeridos. En el interminable debate entre sexos, la asertividad se ha malinterpretado a menudo como dominación, pero no es lo mismo. La dominación busca controlar a través de la fuerza por cualquier medio necesario, sin tener en cuenta a los demás, lo que es la masculinidad tóxica en su máxima expresión. Es una de las formas en que aparece el lado sombrío de los arquetipos masculinos. No tiene nada que ver con lo divino masculino. Sin embargo, la afirmación tiene que ver con la persistencia y la coherencia.

- **Determinación:** Lo divino masculino está orientado hacia los objetivos y es implacable en su deseo de alcanzar las metas fijadas. Contrasta con lo divino femenino, que es relajado, trabaja con las emociones y la introspección para permitir que las cosas lleguen en lugar de perseguirlas. Sería imposible cumplir sus sueños sin determinación, uno de los dones del divino masculino.

- **Acción:** Lo divino masculino entra en acción. No permanece pasivo. La pasividad es un rasgo de lo divino femenino. Esto puede verse reflejado en la forma en que hombres y mujeres se relacionan entre sí. En el sentido más tradicional, lo masculino va tras el corazón femenino, sin detenerse nunca hasta conseguirlo. Incluso en la dinámica de las relaciones no tradicionales, ocurre lo mismo. La energía del divino masculino tiene que ver con la acción a través del movimiento.

- **Centrado en objetivos:** El objetivo de la acción del divino masculino es alcanzar metas. Cuando usted está en su energía masculina, hace que las cosas sucedan. Se centra en sus objetivos y no se detiene hasta conseguirlos.

- **Asumir riesgos:** La energía masculina consiste en asumir riesgos, mientras que la femenina consiste en mantenerse segura y pragmática. No hay forma de lograr sus objetivos si no está dispuesta a arriesgarse, sabiendo que existe la posibilidad de que este sacrificio no dé sus frutos. Sin embargo, esta disposición a asumir riesgos es un rasgo necesario si quiere tener éxito en la vida.
- **Protección y provisión:** Donde lo divino femenina nutre, lo divino masculino protege. Esto no quiere decir que una tontería como el término "el sexo débil" tenga razón de ser. El papel natural del divino masculino es ofrecer protección. Lo divino masculino se ocupa naturalmente de que todos estén provistos a través de la acción.
- **El liderazgo:** La energía del divino masculino potencia el liderazgo. Cuando tiene que decidir, está liderando, lo que sólo puede lograrse eficazmente cuando está en contacto con su yo masculino interior.
- **Fuerza y valor:** La masculinidad tiene que ver con la fuerza en todas sus formas y con la voluntad de combinar esa fuerza con una acción valiente para llevar a cabo lo que haya que hacer a pesar del posible peligro o riesgo.

Signos de desequilibrio

Cuando los individuos o el colectivo humano se inclinan más hacia una energía divina que hacia otra, hay señales inequívocas. Mire a su alrededor. Puede ver claramente las manifestaciones oscuras de la sombra o del aspecto no sanado del divino masculino. La gente está estresada, consumida e incapaz de encontrar ya la alegría en la vida porque ha perdido de vista lo que es importante. Quizá usted también se haya sentido así. ¿Cómo se encuentra en sus relaciones con los demás? ¿Le cuesta poner límites y los demás le pisotean, o puede que usted no respete los límites de los demás, provocando así una relación que de otro modo podría haber sido estupenda se convierta en insana y tóxica?

Hoy en día, la gente tiene miedo de ser vulnerable. Creen que es un signo de debilidad, así que para mantenerse "a salvo", reprimen todo lo que sienten. ¿El resultado? Todo el mundo camina en sus propias burbujitas, aislado de los demás. La falta de conexión es un síntoma de un mundo que carece de empatía, amabilidad y compasión. ¿Qué pasa con los pequeños momentos de positividad o los focos de personas que parecen impulsar un mundo más brillante? Mire más de cerca y descubrirá que, en realidad, no hay nada "positivo" en la marca de positividad que impulsan. Es tóxica, nada más que oropel, un barniz destinado a hacer que la gente calle su dolor interior, aunque les corroa por dentro.

No tener el equilibrio adecuado entre la energía del divino masculino y del divino femenino en su vida significa que no puede distinguir entre su energía y la de otra persona. En otras palabras, no tiene límites energéticos o emocionales, por lo que asume los sentimientos de los demás como si fueran suyos, lo que resulta agotador. Aunque sea más empática que la mayoría, le vendrá bien aprender a proteger su energía y a distinguir cuándo está sintiendo las emociones de otra persona en lugar de las suyas.

La mejor manera de manejar esto es equilibrando deliberadamente ambos aspectos en su interior. Si no lo hace, descubrirá que se abandona emocionalmente. Cuando tiene que expresar sus necesidades, no lo hace de forma saludable. Quiere decir la verdad, pero no puede porque le aterroriza ponerse en primer lugar, aunque a veces sea necesario. ¿Le suena todo esto?

Otra señal es el empuje constante hacia la productividad, en detrimento de otros aspectos de su vida. Cualquier influencer o *"furu"* (otra forma de decir "falso gurú") le grita desde las montañas de YouTube hasta los valles de TikTok que debe apresurarse. "Estás durmiendo demasiado", es lo que le dicen sobre dormir horas regulares. "No te estás esforzando lo suficiente", le sermonean, sin importarles que usted haya puesto su sangre, sudor y lágrimas para hacer realidad esos «sueños» que le han vendido como lo ideal, mientras ve pocos o ningún resultado, normalmente debido a los constantes cambios de objetivo. La presión por la productividad es tan fuerte que la gente ya no cuida de sí misma. No se preocupan por su salud mental ni física, mientras rinden culto en el altar del todopoderoso dólar en la catedral del capitalismo. Quizá usted también se esté dando cuenta de la futilidad de todo ello, y por eso ha respondido a la llamada de lo divino femenino.

Las cosas tampoco pintan muy bien para el colectivo, no en lo que se refiere al desequilibrio de energías. La guerra está a la orden del día. Hubo un tiempo en que los líderes mundiales al menos ponían una fachada de preocupación, como si la guerra fuera un feo asunto del que no querían formar parte, pero en el que se encontraban en medio por necesidad. ¿Ahora? Ni siquiera se molestan en maquillarse y disfrazarse adecuadamente. Las mentiras de los medios de comunicación son más evidentes que nunca, provocando un sentimiento general de "Nosotros contra ellos".

Incluso los «nosotros» tienen divisiones entre ellos. Esta ética es el resultado de haber vivido demasiado tiempo ignorando por completo una energía y favoreciendo la otra. Puede que piense que la solución es una oscilación del péndulo hacia el otro lado, hacia el otro extremo donde el matriarcado está al mando y sólo se reconoce a lo divino femenino, pero tampoco es eso. Eso podría conducir fácilmente al estancamiento, a la incapacidad de buscar lo nuevo y abrazar el cambio, y a otras cuestiones tan malas como estar en un mundo elevado en testosterona espiritual.

Conceptos erróneos sobre el equilibrio entre lo femenino y lo masculino

He aquí un rápido vistazo a algunos de los conceptos erróneos que tiene la gente sobre lo que significa equilibrar lo femenino y lo masculino:

1. "El equilibrio llevaría a que todo el mundo fuera igual, lo que haría del mundo un lugar aburrido y acabaría por estancar el progreso". Esto no es cierto. Hay espacio para la individualidad incluso cuando la gente aprende a equilibrar ambas partes. Usted no se perderá, así que no se preocupe.

2. "Una vez que encuentras el equilibrio, permaneces en ese estado el resto de tu vida". La verdad es que siempre fluctuará el grado en que exprese una energía sobre otra. Es una práctica que dura toda la vida.

3. "Hay que estar en una relación convencional para encontrar este equilibrio". Aunque puede aprender mucho sobre cómo equilibrarse en una relación, no necesita una pareja para aprender a encontrar el equilibrio. Usted ya tiene una relación consigo misma. Encontrar un equilibrio entre ambas energías es algo que conseguirá siendo más consciente de sí y prestando atención a cómo se relaciona con usted misma.

Estos son algunos conceptos erróneos sobre el equilibrio de las energías del divino femenino y el divino masculino. No obstante, son algunas de las más problemáticas que podrían impedir su progreso si las cree. Tendrá una mejor salud física y mental si mantiene estas energías equilibradas. El poder de lo divino se convertirá en una fuerza real e innegable en su vida en la que aprenderá a confiar para todo lo que necesite.

Ejercicios para equilibrar sus energías masculina y femenina

Las siguientes técnicas y ejercicios le ayudarán a encontrar el equilibrio entre su expresión de lo divino femenino y lo divino masculino en su vida cotidiana.

Utilice el trabajo de respiración: El trabajo de respiración se refiere a técnicas especiales de respiración que alteran su estado de conciencia y le permiten captar las ideas espirituales mejor de lo que lo haría en un estado de vigilia normal. Puede cambiar su fisiología, así como su mente para mejor. Una técnica útil es la respiración alterna de las fosas nasales.

Respiración alterna de las fosas nasales [17]

Así es como funciona:

1. Si aún no lleva puesto algo cómodo, hágalo ahora.
2. Busque un lugar tranquilo donde no le distraigan ni le molesten. Cierre los ojos mientras se sienta en una posición cómoda. Necesitará entre 5 y 10 minutos de tiempo ininterrumpido.

3. Cierre los ojos, utilice el pulgar derecho y presione contra la fosa nasal derecha, cerrando el flujo de aire.
4. Con la fosa nasal derecha cerrada, respire profundamente por la izquierda.
5. Suelte la fosa nasal derecha para que vuelva a estar abierta.
6. Con el dedo anular, presione la fosa nasal izquierda para cerrarla.
7. Exhale por la fosa nasal derecha.
8. Repita esta secuencia durante los siguientes cinco a diez minutos.

Lo bonito de la respiración alterna de las fosas nasales es que le ayuda a equilibrar ambos hemisferios cerebrales, que se correlacionan con las energías masculina y femenina.

Practique el diario autorreflexivo: Esto es llevar un diario con un giro. En lugar de documentar lo ocurrido cada día, escriba sobre sus sentimientos en relación con la energía predominante que encarna. Por lo tanto, aunque escriba sobre los sucesos diarios, hágalo en el contexto de cuánto expresa lo divino femenino y lo divino masculino en equilibrio. Mientras escribe en su diario, piense en las partes de su vida en las que percibe que puede haber un desequilibrio. Preste atención a los aspectos de su vida en los que se presiona más de lo necesario y le resulta difícil trazar la línea con los demás o expresar lo que necesita de ellos. Le resultará útil escribir sobre sus emociones y documentar con qué frecuencia estuvo en contacto con su intuición y la siguió.

Llevar un diario de autorreflexión debería ser un ejercicio diario para obtener resultados eficaces[18]

Sea creativa: Expresarse de forma creativa es otra forma excelente de restablecer el equilibrio entre estas energías. Considere actividades que le obliguen a mantener la concentración y disciplinar su mente o su cuerpo para canalizar más lo divino masculino. Podría aprender una nueva habilidad técnica, jugar al ajedrez, hacer ejercicio, etc. Si siente que le vendría bien más de lo divino femenino, debería intentar cantar, bailar, escribir, pintar, esculpir y otras actividades creativas.

Desarrolle la conciencia corporal: Practique yoga. Es una actividad excelente que le obliga a salir de su cabeza y entrar en su cuerpo. Ciertas posturas están pensadas para despertar lo divino masculino que hay en usted, mientras que otras agitarán lo divino femenino. Un excelente instructor de yoga sabrá cómo mezclar ambas en una rutina.

Reformule viejas heridas: A veces, los desequilibrios de estas energías divinas están causados por experiencias que puede haber tenido en el pasado que le traumatizaron o le dieron una mentalidad que ha sido un impedimento para usted. En este caso, lo más beneficioso sería ahondar en su pasado para descubrir por qué se ha vuelto dependiente de una u otra forma de energía.

Una vez que haya identificado estas experiencias emblemáticas, tiene una nueva tarea: debe reformularlas para convertirlas en positivas. Usted toma la energía negativa y la transmuta utilizando la comprensión y la compasión hacia usted misma. Esto no significa que deba negar que estas cosas sucedieron o hacerse *gaslight* para pensar que no fue tan malo. Sin embargo, usted se convierte en una investigadora atenta a los resquicios de esperanza, lo bueno dentro de lo malo. Entonces, ¿cómo encuentra el oro en su dolor? Preguntándose qué lecciones ha aprendido y cómo le fortalecen hoy.

Deje que la naturaleza sea su aliada: Cuanto más tiempo pase en la naturaleza, más equilibrada estará, porque la naturaleza no sabe existir sin equilibrio. Ya sea en su moderno y espartano apartamento situado varios cientos de pisos por encima del bullicio de la humanidad y el ajetreo de la vida cotidiana o en las profundidades del corazón del Amazonas, siempre formará parte de la naturaleza. Sin embargo, ponerse deliberadamente en contacto con la naturaleza acelera el equilibrio de sus energías. Puede hacer senderismo, sentarse en la playa y contemplar el océano, caminar descalzo sobre suelo natural, tumbarse de espaldas sobre la hierba, utilizar su imaginación o hacer cualquier otra cosa que desee para conectar con la naturaleza.

Practique la meditación a diario: La meditación puede no resultar fácil al principio, pero es sencilla. Todo lo que necesita son de cinco a diez minutos en un lugar tranquilo. Póngase ropa cómoda, siéntese o túmbese y cierre los ojos. Mantenga la atención en su respiración todo el tiempo que pueda. Si nunca ha hecho esto antes, lo más probable es que se distraiga constantemente. Esto no significa que esté haciendo algo mal. En realidad, es fantástico que esté tomando conciencia de la frecuencia con la que su mente salta de un tema a otro. Siempre que note que ha dejado de centrarse en su respiración, simplemente reconozca cualquier pensamiento que tenga en su mente y suéltelo suavemente mientras vuelve a su respiración. No debe ser dura consigo misma, aunque se distraiga cada dos segundos. Con la práctica constante, mejorará en mantener la conciencia de sus pensamientos.

Trabaje con acupuntura y reiki: La acupuntura puede ayudarle a deshacerse de los desequilibrios en el flujo energético de los meridianos de su cuerpo. El reiki es otra forma de conseguirlo moviendo la energía atascada para que haya un flujo libre por todo su sistema de chakras y se solucionen los desequilibrios. Tendrá que trabajar con un profesional cualificado si decide explorar estas modalidades de sanación para solucionar el desequilibrio entre sus aspectos internos masculinos y femeninos.

Capítulo 5: Nunca está sola - Guías espirituales

Tanto si ha sido consciente de ello como si no, nunca ha estado sola. Siempre ha tenido ayuda divina esperando a que la reconozca y acepte. Esta ayuda se la ofrecen sus guías espirituales. Pero, ¿quiénes son exactamente estos seres y cómo mejoran su vida?

Siempre ha tenido la ayuda divina esperando a que la reconozca y acepte [19]

¿Qué son los guías espirituales?

Sus guías espirituales son precisamente lo que parecen. Son guías que existen en forma de espíritu, por lo que no son visibles a simple vista a menos que tenga el don de un chakra del tercer ojo despierto. De la misma manera que el aire existe, pero no se puede ver, sus guías espirituales son reales, aunque todavía no pueda verlos ni sentirlos. Al igual que siente el efecto del aire, puede captar la presencia y el trabajo de sus guías en su vida si es sensible a ellos o se vuelve observadora. Nadie sabe mejor que sus guías espirituales lo que serviría a su propósito más elevado. Nadie podría ofrecerle mejores consejos que ellos.

Si está confusa porque tiene múltiples opciones, sus guías espirituales pueden darle claridad para ayudarle a elegir el mejor camino para sus intenciones. No sólo son excelentes consejeros, sino que también le ayudan a planificar, organizar y elaborar estrategias para su vida. Si desea lograr algo recurriendo a ellos, pueden ayudarle a poner en práctica sus objetivos. Sus guías espirituales también desempeñan el importantísimo papel de trabajar con los guías espirituales de los demás que le rodean para que siempre se consiga el mejor resultado para todos, siempre que usted les pida ayuda. No interferirán ni harán nada sin su permiso porque, de lo contrario, sus acciones violarían su sagrado libre albedrío.

Estos seres asombrosos han estado con usted desde que nació, fuera o no consciente de ello. No sólo conocen su vida actual como la palma de su mano, sino que también conocen sus vidas pasadas. Comprenden cómo todas estas vidas se entrelazan y se afectan mutuamente. No hay mejor fuente para ayudarle a comprender los retos a los que se enfrenta y las oportunidades que puede estar perdiendo que sus guías espirituales y su profundo pozo de conocimientos. Piense en ellos como enciclopedias energéticas sobre todo lo que concierne a su pasado, presente y futuro.

Diferentes tipos de guías espirituales y sus funciones

Los ángeles de la guarda: Se les conoce como "guías de la vida" porque le acompañan desde antes de nacer hasta después de morir, de una encarnación a la siguiente. Siempre que se sienta confusa sobre algo, ellos están ahí para ofrecerle el mejor consejo. Son la razón por la que tiene la sensación de que no debería caminar por una calle determinada a una hora concreta, aunque siempre lo haya hecho sin problemas. Le dan empujoncitos intuitivos para mantenerle alejada de los problemas y llevarle adonde quiere ir.

Estos seres son como los mejores amigos que nunca le juzgan y siempre están ahí para usted. Podría decirse que son incluso mejores que los amigos porque nunca le quitan los ojos de encima y no tienen que dormir ni tomarse un día libre en el trabajo. Así que, si alguna vez se encuentra en una situación complicada, sepa que ya no tiene por qué tener miedo. Puede confirmar la realidad de estos guías diciéndoles exactamente cómo quiere que le ayuden y ver con asombro cómo todo lo que les pide se cumple maravillosamente, gracias a su intervención.

Arcángeles: Los arcángeles tienen mucho trabajo en varios reinos celestiales. Son ángeles poderosos con los que no se puede jugar. ¿Por qué? Porque, a diferencia de los ángeles y guías normales, tienen la tarea de cuidar de todo lo que afecta a todos los mundos, conocidos y desconocidos, vistos y no vistos. Incluso en los tiempos más oscuros, se aseguran de que los humanos no se aniquilen a sí mismos. Esparcen su amorosa bondad y calidez como un escudo energético que protege a la gente de la oscuridad.

Algunas personas suponen que porque los arcángeles tienen un ámbito más amplio de asuntos que tratar, nunca se les debe pedir ayuda. Sin embargo, éste no es el caso. No se puede pensar en estos seres como limitados en el espacio y el tiempo como los humanos. Pueden estar en todas partes, a la vez. Usted forma parte del mundo que ellos cuidan, por lo que puede recurrir a ellos si se siente guiada intuitivamente a hacerlo.

Animales espirituales: Lo interesante de los animales espirituales es que encarnan la energía de la forma animal que adoptan. Su animal espiritual es una fuente de fuerza a la que puede recurrir siempre que se enfrente a retos y momentos difíciles. Normalmente, el animal espiritual tiene una cualidad única, la resistencia, que es necesaria para su camino vital particular. No es inaudito tener más de un animal espiritual o que su animal espiritual cambie de vez en cuando.

Los animales espirituales encarnan la energía y la fuerza y nos guían [20]

¿De qué sirven estos guías espirituales, se preguntará? Bueno, basta con pensar en los atributos de cada animal para apreciar lo que aportan. Por ejemplo, el oso tiene una fuerza incomparable y la sabiduría de hibernar cuando es el momento. La serpiente representa la sabiduría y el poder regenerativo. El pavo real le enseña a mostrar plenamente su auténtico yo, sin disculpas, y a sentirse orgullosa de ser quien es. La mariposa es la personificación del poder de la transformación. Algunas personas se refieren a estos seres como tótems animales. Traerlos a la mente o pedir su ayuda dará buenos resultados.

Espíritus ancestrales: Sus antepasados también pueden actuar como guías espirituales. Están implicados en sus asuntos porque usted es su descendiente directo. Han tenido que enfrentarse a las mismas luchas y desafíos que usted. Como ya han recorrido su camino, tienen sabiduría y lecciones que enseñar, que le beneficiarán a usted en particular. Sus antepasados son un excelente sistema de apoyo. Puede recurrir a su fuerza y sabiduría siempre que lo necesite. Recurra a ellos si siente que le vendría bien más coraje o valentía. Son ferozmente protectores con los suyos. Si decide relacionarse con sus antepasados, es mejor que especifique que sólo desea trabajar con aquellos que tienen sus mejores intereses en mente. Recuerde que sus antepasados fueron una vez humanos, lo que significa que, al igual que los humanos, algunos pueden ser traviesos en el mejor de los casos o francamente horribles en el peor. ¿Por qué importa esto? Imagine tener a un asesino en serie o al líder de una secta como uno de sus antepasados. No todos los antepasados tienen buenas intenciones. Cruzar al otro lado no indica necesariamente que se hayan convertido en buenas personas, por lo que debe ser específica sobre quién está permitido en su vida y quién no.

Maestros ascendidos: Érase una vez, los maestros ascendidos vivieron en la Tierra, igual que usted. Han experimentado muchas encarnaciones y han aprendido mucho. Han trascendido la necesidad de reencarnarse en la Tierra. Por lo tanto, sirven en un plano espiritual, ayudando a toda la humanidad a navegar por los muchos desafíos de la vida. Ofrecen una sabiduría más allá de lo imaginable.

Si conecta con maestros ascendidos, pueden ayudarle a comprender su camino y cómo desarrollarse espiritualmente. Se sabe que estos maestros visitan a las personas en sus sueños, enseñándoles y ofreciéndoles información perspicaz sobre situaciones específicas que están experimentando en su vida de vigilia.

Espíritus de sanación y espíritus mensajeros: Las funciones de estos espíritus son exactamente las que sugieren sus nombres. Los espíritus de sanación están ahí para ayudarle siempre que se encuentre mal mental, física o emocionalmente. Reviven y rejuvenecen su alma, calmando su cuerpo, mente y corazón.

En cuanto a los espíritus mensajeros, aparecen con importantes piezas de información para ayudarle en su camino. A veces, utilizarán sus sueños - y otras veces, orquestarán experiencias atractivas que, al examinarlas más de cerca, revelarán un mensaje profundo y significativo para usted.

Elementales: Son los espíritus que están dentro de toda la naturaleza. Están en el agua, el fuego, el aire y la Tierra. Están en cada río, planta, océano, montaña, etc. Le recuerdan que debe entrar en contacto con la naturaleza, para que su alma se equilibre siempre que haya perdido el rumbo.

Ahora que conoce los numerosos guías espirituales disponibles, debería darse cuenta de que tiene acceso a todos ellos, ya que desempeñan papeles únicos y esenciales en su vida.

Cómo se comunican con usted los guías espirituales

Los espíritus siempre tienen algo para quienes tienen ojos para ver y oídos para oír. El problema es que no mucha gente entiende cuándo sus guías espirituales se comunican con ellos. Es mucho más común descartar sus intentos de acercamiento como meras coincidencias. No cometerá ese error porque necesita escuchar cualquier mensaje que tengan para usted. Una vez que se vuelva experta en reconocer cuándo se están comunicando con usted y en ponerse también en contacto con ellos, podrá buscar su guía para encontrar el equilibrio entre lo divino femenino y lo divino masculino en su vida. He aquí cómo discernir que sus guías espirituales se están comunicando con usted.

Usted experimenta la sincronicidad: La sincronicidad es la unión de una serie de acontecimientos improbables en el tiempo y el espacio de un modo que resulta profundamente significativo para la persona que los presencia. Otros pueden considerarlas meras coincidencias, pero estas sincronicidades tienen un significado para usted. Las personas en contacto con el Espíritu Divino comprenden que no existen las coincidencias. En cuanto acepte esto por defecto, notará más sincronicidades en su vida a medida que sus guías intenten llegar a usted.

¿Qué aspecto tienen estas sincronicidades? Puede que note que sigue despertándose a horas concretas o que mira el reloj justo cuando tiene un conjunto preciso de números, como las 11:11 o las 4:44. Puede que vea estos números aparecer a menudo en recibos, en matrículas, como un grupo de jugadores de fútbol perfectamente colocados con sus números de camiseta creando ese número, etc. Incluso podría oír estos números en conversaciones aleatorias que no tienen nada que ver con usted o encender la televisión justo a tiempo para ver a alguien sosteniendo una pancarta con ese número.

La sincronicidad también puede consistir en la repetición de un determinado acontecimiento de diversas maneras. Por ejemplo, Allison relató que había sufrido una inundación en su casa debido a la rotura de una tubería, sólo para que al día siguiente llegara al trabajo y se encontrara con que el baño de la oficina había sufrido un destino similar. Sin duda, sus guías querían que prestara atención a algo. Curiosa, pidió orientación y recibió la respuesta en un sueño. Le dijeron que experimentaría una emergencia financiera, pero que era imperativo que se mantuviera positiva a pesar de todo, porque si lo hacía, algo maravilloso sucedería después de mejorar su situación financiera.

Al día siguiente, su pariente tuvo que pagar una fianza, lo que costó más dinero del que Allison podía permitirse sin sentirse incómoda. Aun así, hizo lo que pudo para ayudar. No menos de una semana después, esta misma pariente tuvo una ganancia inesperada tras ganar la lotería. Sintiendo gratitud hacia Allison por haberla sacado del apuro, le dio diez veces más de lo que le había dado para sacarla.

La sincronicidad también implica recibir respuestas a preguntas. Puede preguntar sobre algo que le preocupa, sólo para encender la radio y escuchar a un músico entonando la línea exacta de la canción; ésa es la respuesta perfecta y reconfortante. He aquí otra historia divertida: Blake se siente abatido por su vida y solo. No tenía a nadie a quien recurrir debido a una terrible pelea que había tenido con su familia y amigos a raíz de la campaña de desprestigio de un narcisista. Se echó a llorar en el baño de un café y pidió una señal de que las cosas saldrían bien. Cuando terminó, se echó agua en la cara para enjuagarse las lágrimas.

Cuando abrió la puerta para volver a salir, otro hombre entró corriendo, y los dos chocaron, sus cabezas chocaron entre sí. El hombre, avergonzado, se disculpó profusamente ante Blake, que se quedó de pie, mirando al recién llegado en un silencio atónito. ¿Por qué? Bueno, este hombre llevaba una camiseta con estas palabras escritas en negrita "¡Nunca caminarás solo!". Para cualquier otra persona, eso no significaba nada. Pero para Blake, el momento fue conmovedor. Como si lo confirmara, un día después, el narcisista que arruinó su vida se vio envuelto en un escándalo que desveló y reveló sus muchas mentiras, reivindicando a Blake y restaurando su conexión con sus seres queridos.

Usted se encuentra con ciertos animales: Suele verlos en los lugares más extraños, y tiene la sensación de que han estado esperando allí sólo a que usted y nadie más los encuentre. Puede que se queden mirando un poco más de lo que un animal miraría normalmente a un humano.

Encontrarse con animales en lugares extraños puede significar que sus guías espirituales están intentando comunicarse con usted [21]

Sueña con sus guías: Los guías pueden aparecer en sus sueños para enseñarle, consolarle, advertirle, aclararle, etc. Estos sueños no son corrientes. Se despierta con el conocimiento innegable de que se ha encontrado con su guía.

Le llamarán por su nombre o le tocarán: Algunas personas tienen una mentalidad negativa al respecto, por lo que su creencia les abre a los espíritus embaucadores. Sin embargo, no es raro que le despierte su guía susurrándole suavemente su nombre al oído (o en voz alta si tienen que advertirle de algo). Myron, el amigo de Sharon, le había dicho que él nunca necesitaba un despertador para despertarse, ya que simplemente les decía a sus guías cuándo quería levantarse y le despertaban a esa hora o unos minutos antes. Sharon pensó que su amigo estaba loco, pero tenía la mente lo suficientemente abierta como para intentarlo. Pidió que la despertaran a las 4:30 de la madrugada del día siguiente. Sharon fue despertada por una mano cálida que, según sus palabras, "se sentía llena de amor" mientras le daba un suave apretón en el hombro derecho. Miró su teléfono y, efectivamente, vio cómo el reloj digital pasaba de las 4:29 a las 4:30. Desde entonces, Sharon ha perseguido y desarrollado activamente su conexión con sus guías.

Le zumban los oídos: Contrariamente a lo que piensan los escépticos, esto no es tinnitus. Lo sabrá porque cuando ocurre, a menudo está ocurriendo algo importante a su alrededor, o puede que tenga un pensamiento tan importante que sus guías hayan tenido que hacer que se detenga para prestarle atención. Siempre que oiga ese sonido agudo, observe lo que ocurre a su alrededor y pregúntese en qué estaba pensando cuando lo oyó. Después de oír ese sonido, siga cualquier impulso que tenga porque es su guía alejándole del peligro o dirigiéndole hacia algo extraordinario.

Cómo desarrollar su intuición y receptividad para comprender a sus guías

Puede seguir estos diez pasos que le ayudarán a sintonizar con su intuición, que es la forma en que sus guías espirituales llegan a usted.

Medite: Practique la meditación todos los días para entrenar a su mente a alcanzar y permanecer en el estado que facilita la comprensión de lo que le dicen sus guías.

Documente sus sueños: Mantenga su diario al lado de su cama. Cuando se despierte, no se mueva y no planifique su día mentalmente. En su lugar, piense en la última escena o sensación que recuerde de su sueño, y luego vaya hacia atrás. Cuando no pueda recordar nada más, abra los ojos, coja su diario y anote sus sueños. Empiece con una palabra clave que represente cada escena del sueño antes de rellenar los detalles. De este modo, no olvidará el resto de sus sueños mientras escribe uno. Cuanto más haga esto, mejor será el recuerdo de sus sueños y más fácil les resultará a sus guías llegar a usted a través de sus sueños.

Haga una lista de las cosas de las que quiere que se ocupen sus guías: Puede tener dos elementos o más. Cuando haya terminado, diríjase a ellos como lo haría a un amigo y pídales que le ayuden a ocuparse de lo que desea. Muéstrese sincera, respetuosa y agradecida con ellos. Cuanto más lo haga, más fuerte será el vínculo entre usted y sus guías.

Esté expectante: Si nunca ha hecho esto antes, espere que sus guías se pongan en contacto con usted. No lo cuestione, incluso si no recibe una respuesta cuando cree que debería. Puede que no reciba una respuesta o una solución de inmediato, pero cuando lo haga, descubrirá que es justo a tiempo y ni un momento demasiado pronto ni demasiado tarde.

Agradézcaselo constantemente: Piense en las cosas de su vida que han mejorado o van bien. Lo más probable es que sus guías hayan tenido algo que ver. Así pues, propóngase darles las gracias cada día, no sólo por lo que han hecho y siguen haciendo, sino también por su compañía desinteresada. Su agradecimiento es magnético y atrae a sus guías más cerca de usted. Los anima hasta el punto de que sus conversaciones e interacciones se convierten en algo de cada momento.

Antes de pasar al siguiente capítulo, debe saber esto: Sí, muchos detractores dicen que los guías espirituales no son más que un producto de la imaginación que necesita desesperadamente ser comprobado. Sin embargo, sólo hay una forma de refutar estos ataques escépticos. Poniendo en práctica todo lo que ha aprendido aquí. Prepárese para quedar asombrada por la realidad de sus guías. Piense en lo que espera obtener de esta maravillosa asociación de la que está a punto de convertirse en parte consciente, y seguro que tendrá éxito. Dé prioridad a pedirles ayuda para equilibrar lo divino femenino y lo divino masculino en su vida. No se sentirá decepcionada.

Capítulo 6: Conectar con sus aliados

Ahora dispone de la información más relevante sobre sus guías espirituales. Así que ha llegado el momento de meter las manos en la masa y descubrir cómo puede establecer una conexión con estos maravillosos seres. En este capítulo, aprenderá a mantener esa conexión incluso cuando las vicisitudes de la vida intenten apartarle de sus relaciones espirituales con estos guías.

Conecte con sus guías espirituales [22]

Preparar su mente y su espíritu

Si ha pasado la mayor parte de su vida felizmente inconsciente de la realidad espiritual, necesita trabajar para entrar en el estado mental y espiritual correcto antes de conectar con sus guías. ¿Por qué es importante? Saltarse este importante proceso sería como intentar ver a través de unas gafas con los cristales embadurnados de aceite y suciedad o escuchar a escondidas una conversación a tres habitaciones de distancia mientras suena a todo volumen música heavy metal por unos enormes altavoces.

El aceite, la suciedad y la música metálica se refieren a las muchas creencias y prejuicios que la sociedad ha instalado en su mente sobre la naturaleza de la realidad, la existencia de mundos más allá del físicamente observable y la viabilidad de establecer contacto con seres que, según la ciencia, la lógica y la razón, no existen.

Uno de los mayores errores que puede cometer al captar un concepto espiritual como el de lo divino femenino es adaptar el espíritu a la materia. En otras palabras, no puede utilizar las reglas y expectativas físicas como base para determinar que la espiritualidad es una tontería inexistente. Muchos se dan cuenta de que hay algo raro en las historias que les han contado desde que nacieron. Quizá usted fuera una de estas personas. Tal vez en el pasado, se dio cuenta de que cada vez que tenía una pregunta que podía hacer añicos sus ilusiones sobre cómo funciona la realidad, recibía un bloqueo espiritual o mental, a falta de una forma mejor de describirlo.

Este bloqueador emergente es una línea de lógica o razón cuidadosamente elaborada que le hace cerrar inmediatamente su exploración espiritual. Uno de los bloqueadores más eficaces es el "hecho" de que si no puede ser observado por los cinco sentidos o captado por un instrumento científico, no debe existir. Se trata de un enfoque arrogante de la comprensión de las cosas más allá de lo físico. Sería como utilizar un termómetro para comprobar el volumen del sonido o un medidor de ruido para detectar la temperatura del agua. En otras palabras, ¿cómo puede utilizar instrumentos físicos para medir o determinar la existencia de realidades espirituales? Algunas cosas se encuentran más allá de las rígidas líneas rectas de la razón y la lógica, necesarias para operar en este mundo físico, pero no en los reinos del más allá. Hasta que no esté dispuesto a aceptar esto, no avanzará mucho.

Dos de las formas más rápidas de atravesar la persistente ilusión de mentiras que le han vendido son practicar la meditación, que aumentará su autoconciencia, y cuestionarlo todo, incluidos sus propios pensamientos, especialmente aquellos de los que está 100% segura de que son ciertos. No escuche afirmaciones despectivas y desdeñosas como "Todo está en tu cabeza". La verdad es que todo está en su cabeza, incluida su experiencia del mundo físico. No hay otra forma de percibir la realidad, física o espiritual, que a través de su percepción o conciencia. Los físicos cuánticos están más cerca de esta verdad que otros científicos. Pero no hay que preocuparse por ello; acabarán poniéndose al día.

Ahora que tiene la premisa necesaria para experimentar la realidad de su guía espiritual, tiene que ponerse manos a la obra. El primer paso es asumir que lo que ha aprendido aquí es cierto y que puede experimentarlo. No necesita utilizar la lógica o la razón para justificar esta suposición porque lo más probable es que con su programación (especialmente si ha crecido en el mundo occidental y no en África u Oriente, donde la espiritualidad no es objeto de burla y se experimenta conscientemente todos los días), tenga demasiadas dudas para iniciar el primer contacto con sus guías.

Así que, deténgase un momento y asuma que la versión de usted que cuestionaba los asuntos espirituales nunca existió, asumiendo que siempre ha comprendido la realidad de las cosas más allá de lo observable con los sentidos físicos. ¿Ha terminado? Bien. Aquí tiene otras cosas para preparar su mente y su espíritu para estar en comunión con sus guías.

Mantenga su mente centrada en su objetivo: Más que cualquier otra cosa, debería tener hambre de una conexión con lo divino. Para mantener ese hambre y esa pasión por conectar con lo que está más allá de sí misma, debe hacer todo lo que esté en su mano para recordarse lo importante que es este objetivo para usted. Si eso significa poner alarmas a lo largo del día para recordarse que debe revisarse a sí misma, meditar, contemplar la existencia de guías espirituales o consultar con ellos, hágalo. Una forma excelente de asegurarse de que se mantiene centrada es establecer las cosas de modo que conectar con sus guías espirituales sea lo primero en lo que piense por la mañana y lo último cuando se acueste por la noche.

Establezca sus intenciones y hágalas tan claras como pueda: Algunas personas piden señales de que sus guías espirituales existen y eso es todo lo que obtienen: señales y nada más. Sin embargo, si desea un diálogo constante y continuo entre usted y sus guías espirituales, debe tenerlo claro. Cuanto más claras sean sus intenciones para establecer contacto con sus guías, mejores serán sus resultados.

No puede pedir señales y luego enfadarse cuando todo lo que recibe es un aluvión de 444 y 1111. Debe tener claro lo que quiere. Si aún no lo tiene claro, no hay prisa. Tómese su tiempo para crear su intención al pie de la letra, y entonces podrá comenzar el proceso sabiendo que logrará su objetivo espiritual en cuestión de tiempo.

Manténgase abierta y receptiva: Con la atención puesta en su objetivo y sus intenciones claras como el cristal, notará momentos en los que tendrá una sensación extra de presencia y conciencia. Algunas personas han confundido esto con despersonalización o desrealización, pero no es eso. Son sus guías espirituales trayendo la plenitud de su conciencia al aquí y ahora. No puede conectar con ellos en su pasado o en su futuro. Sólo puede establecer esa conexión en el ahora.

Cuando sea más consciente y esté más presente, le resultará más fácil dejar que le ayuden. Los oirá, y eso es bueno porque siempre están dispuestos a hablar con usted. Sin embargo, si se aleja de la sensación de "presencia extraordinaria", se cierra a sus guías. Así que, mejor busque un lugar tranquilo cada vez que se sienta así y siéntese en meditación silenciosa y expectante durante al menos quince minutos. No se siente sin rumbo. En su lugar, establezca la intención de recibir y comprender claramente el mensaje de su guía.

Visualización guiada para iniciar el contacto con sus guías

Una de las mejores cosas para conectar con sus guías espirituales es meditar a diario. Puede utilizar la técnica de respiración alterna con regularidad para ayudarse. Elija lo que elija, fije siempre su intención para la técnica antes de empezar. Ahora, pasemos a otra poderosa y potente herramienta que le ayudará a que sus guías espirituales sean tan reales como las palabras de esta página.

La visualización guiada es como la meditación, pero con instrucciones. Puede escribir y grabar sus visualizaciones guiadas, pero si lo prefiere, puede utilizar una disponible gratuitamente en Internet. La idea es que no se limite a meditar, sino que se centre en las instrucciones sobre qué hacer con su cuerpo y qué imaginar mientras medita. Aquí tiene uno sencillo que puede utilizar ahora mismo. Como no puede meditar mientras lee, grabe esto primero. No se apresure en la grabación para que tenga tiempo de seguir cada instrucción. Cuando esté lista para utilizar la visualización guiada, asegúrese de estar vestida cómodamente y en un espacio tranquilo donde no le molesten. Apague todos los dispositivos. Si no vive sola, pida a los suyos que no le molesten hasta que les comunique que está lista.

Instrucciones:
1. Siéntese en una silla o en la esterilla.
2. Sienta su cuerpo. Realice ajustes hasta que se sienta cómoda, luego cierre los ojos.
3. Ahora que se ha acomodado, separe ligeramente los labios. Va a inspirar profundamente por la nariz y a espirar por la boca. Sus exhalaciones pueden ser más largas que sus inhalaciones, y eso está bien. Por ahora, limítese a disfrutar de la respiración, permitiendo que su cuerpo se inunde de amor y luz al inhalar y que se relaje al exhalar.
4. Observe cómo, con cada respiración, se hunde cada vez más en su cuerpo, sintiéndose relajada y a gusto, muy presente en el momento.
5. Ahora que su cuerpo está asentado y su mente tranquila, imagine un lugar hermoso. Tiene que ser un lugar que le llame. Podría ser la cima de una montaña, una playa, un jardín o un bosque. Podría ser la casa de su infancia o un momento y lugar concretos en los que se sintió más segura.
6. Imagínese caminando por el sendero que conduce a este apacible lugar. Preste atención al crujido bajo sus pies cuando cada uno golpea el suelo.
7. Mientras camina, nota que delante de usted hay una figura. Algo en ella le atrae. Con cada paso, siente el amor que sale de ella hacia usted. Este ser es su guía espiritual. No hay una forma específica que deba adoptar su guía. Ellos elegirán algo familiar y cómodo, por lo que usted no debe temer ni preocuparse.

8. A medida que se acerque, fíjese en lo que lleva puesto y en su aspecto. ¿Está sonriendo? ¿Cómo le hacen sentir sus ojos cuando le miran?
9. Ahora, se detiene lentamente ante su guía. Sus brazos están extendidos, invitándola a abrazarle. Usted acepta su invitación y le abraza, sintiendo el calor, el amor y la luz que fluyen de éste hacia su cuerpo, su mente y su espíritu.
10. Ahora, retírese y agradezca su presencia. Si tiene alguna pregunta, hágasela y espere junto a él mientras le habla. Puede que simplemente proyecten pensamientos en su mente si no utilizan palabras. Si lo que recibe como respuesta se siente más como energía o una emoción, puede confiar en que el asunto que ha planteado ya está resuelto. Verá o recibirá una respuesta clara en los próximos días.
11. Agradezca sinceramente a su guía su presencia, su apoyo y su consuelo. Abrácelo una vez más. Cuando esté preparada, vuelva a tomar conciencia de su cuerpo y de cómo se siente. Note su respiración una vez más.
12. En cinco segundos, abrirá los ojos sintiéndose renovada y rejuvenecida, con el corazón y la mente en paz.
13. Cada vez es más consciente de su respiración.
14. La conciencia de su cuerpo aumenta.
15. Ahora está notando el espacio en el que se encuentra, tomando conciencia de los sonidos y las sensaciones.
16. Se está removiendo, despertando.
17. Usted está plenamente presente, alegre y llena de energía. Abra suavemente los ojos.

¿Y si no puede imaginar? Algunas personas no tienen la capacidad de ver las cosas con los ojos de su mente. Si éste es su caso, no se preocupe. Puede seguir utilizando la visualización guiada, pero en lugar de intentar imaginar un lugar físico, transpórtese mentalmente a un momento del pasado en el que se sintió segura y aférrese a esa sensación. En otras palabras, olvídese de lo visual y céntrese en las sensaciones, las emociones y el sonido.

Señales y confirmaciones

Como ya hemos mencionado, sus guías espirituales siempre están dispuestas a hablar con usted. La confianza es esencial si pretende comprender plenamente lo que comparten con usted. Tiene que confiar en que sus guías existen. Confíe en el proceso de iniciar el contacto, ya sea a través de la meditación, la visualización guiada o el trabajo de respiración. Por último, confíe en que se darán a conocer ante usted, si así lo desea. Éstas son las señales de que está desarrollando una fuerte conexión con sus guías:

Las secuencias numéricas repetidas son una forma de sincronicidad que puede observar [33]

1. Verá más sincronicidades en su vida, especialmente con las secuencias numéricas repetidas.
2. A veces, le despiertan en mitad de la noche y una voz clara habla dentro de usted que no es su voz mental habitual.
3. Usted sabe interiormente que su guía está presente.
4. Experimenta fenómenos interesantes como libros que se caen de las estanterías sin motivo.
5. Se encuentra con el mismo mensaje varias veces procedente de diversas fuentes inconexas.
6. La zona entre sus cejas hormiguea y pulsa. Este es su tercer ojo o chakra Ajna.
7. Cada vez recibe más ideas únicas.
8. Sus sueños se vuelven más vívidos, duran más y parecen tener una sensación de tiempo real en lugar del cambio ilógico de una escena a otra típico de los sueños.

9. Tiene la sensación de que no está sola, no en sentido figurado, sino literalmente.
10. Siente sensaciones físicas como el tacto, cambios inexplicables e ilógicos de temperatura, etc.
11. Tiene una sensación de hormigueo en la nuca, hacia la base.

Si quiere estar segura de que realmente está estableciendo contacto con sus guías, le resultará beneficioso llevar un diario de cada experiencia extraordinaria. Debe asegurarse de que está siendo guiada de verdad y no simplemente suponiendo que su interpretación de una situación procede de sus guías espirituales. La mejor forma de estar segura es mediante la observación constante. Conviértase en una científica, anotando todo lo que recibe y comparando y contrastando los acontecimientos.

No comparta lo que está haciendo con personas que probablemente le mirarán como si estuviera haciendo "cosas *yuyu*" porque probablemente pensarán que está loca. Pueden suponer que tienen razón cuando no es así. Podrá hacérselo saber a los demás más adelante (sólo si se siente inspirada para ello) cuando haya desarrollado confianza y haya conectado con sus guías con la suficiente frecuencia como para estar convencida de que son reales. En ese momento no se puede tambalear porque tiene pruebas de sus experiencias que respaldan su afirmación. Ahora confía en su intuición.

Los escépticos menospreciarán su convicción refiriéndose a sus experiencias vividas como "sólo pruebas anecdóticas", pero no deje que eso le moleste. Piénselo como si intentara explicar a alguien de la Edad de Piedra que un pequeño aparato que se sostiene en la palma de la mano puede ayudarle a determinar con exactitud dónde se encuentra en la Tierra o a ver vídeos tontos de gatos. ¡Les costaría creerlo si no lo vieran ellos mismos!

Mientras tanto, llevar un diario le ayudará a seguir las pautas y a comprender cuándo están presentes sus guías. Además, es una herramienta excelente para mantener su mente centrada en establecer contacto. Otra cosa que debería hacer es consultar a quienes comprenden la realidad de los guías espirituales para que puedan ofrecerle indicaciones útiles.

Capítulo 7: Cultivar vínculos más profundos

Algunas personas se conforman con manifestaciones superficiales de asuntos espirituales. Se conforman con ver números de matrícula y pantallas digitales con números sincronísticos o "angelicales", pero no les entusiasma demasiado ver hasta dónde llega la madriguera del conejo. El hecho de que esté leyendo este libro implica que quiere para usted algo más que eso. Esto es encomiable porque se obtienen muchos beneficios al desarrollar una conexión más profunda con sus guías espirituales. Al fortalecer y profundizar su vínculo con estos seres, experimentará una transformación a mejor en todos los aspectos de su vida.

Profundice su vínculo con sus guías espirituales [24]

La esencia del núcleo para desarrollar una conexión más profunda

¿Qué sentido tiene querer profundizar en la conexión con sus guías espirituales? Bueno, el negocio de la vida no es fácil de navegar, así que sin duda ayuda tener acceso a su sabiduría interior a la orden. Cuanto más profunda sea su conexión con su lado espiritual, más fácil le resultará conectar con sus guías, que le ofrecerán información profunda que sólo podría clasificarse como sabiduría. Se comunicarán utilizando los sueños, la sincronicidad, la intuición y otros medios necesarios. Muchas personas se despiertan cada día sintiéndose perdidas y confusas. Viven sus vidas en una nebulosa. No tienen ni idea de lo que quieren hacer. Sin embargo, como persona con un profundo vínculo con sus guías espirituales, nunca tendrá que lidiar con la tortura de la confusión. Será consciente de su verdadero propósito en la vida porque tiene acceso a una guía sin igual.

El objetivo final de desarrollar un poderoso vínculo con sus guías espirituales es ayudarle a abrazar la energía del divino femenino. Le ofrecerán orientación para ayudarle a romper los grilletes de las creencias y perspectivas limitantes que han hecho imposible permitir que el amor y la luz de la Madre Divina fluyan por su vida. Sus guías espirituales pueden ayudarle a desarrollar una perspectiva más amplia, mostrándole cuántas más opciones tiene de las que antes suponía. Por ejemplo, si tiene problemas en sus relaciones, le mostrarán cómo quererse a sí misma. Una vez que lo haga, se dará cuenta de que nunca tuvo que luchar o mendigar para ser amada, y el amor adecuado le llegará por más caminos que uno. ¿O siempre ha asumido que sólo hay una forma de ganarse la vida? Sus guías pueden abrirle los ojos para mostrarle un potencial ilimitado, revelándole oportunidades de abundancia que puede haber pasado por alto todo este tiempo. Le mostrarán cómo acceder a la benevolencia de la Madre Divina.

Salvados por su guía

Kachi llevaba mucho tiempo planeando un viaje a España. Llevaba toda la vida soñando con visitar el país y fantaseaba con pasear por el precioso paseo de la Castellana y la calle de Preciados. Cuando por fin ahorró el dinero suficiente y pudo tomarse sus vacaciones, estaba más que extasiada. Así que imagínese lo que debió de sentir cuando tuvo el sueño la noche anterior. Su guía, con el que estaba acostumbrada a encontrarse en sueños, se había aparecido.

Sin palabras, él le cogió la mano y la escena se convirtió en el aeropuerto. Estaban de pie sobre el asfalto, viendo cómo un avión levantaba el vuelo. La escena volvió a cambiar. Esta vez, Kachi y su guía estaban en las nubes por encima del avión. Observaron cómo se estrellaba.

Entonces, Kachi se despertó, pero sus ojos seguían cerrados. En su cama, sintió que le apretaban la mano con urgencia. Era la misma mano que el guía sostenía en sus sueños. Recibió el mensaje: "No te vayas". Kachi estaba enfadada, pero no iba a desobedecer a su guía. Intentó llamar a la compañía aérea para advertirles del inminente accidente, pero nadie la tomó en serio. Después de todo, la gente gastaba bromas como ésta todo el tiempo, y si la aerolínea seguía inmovilizando aviones, pronto estarían fuera del negocio. No podía hacer nada más. Esa noche, vio en las noticias el accidente de avión del que la salvó su guía. Ésta es sólo una de las muchas formas en que su guía puede ayudarle.

Un giro financiero

Jeremy era una persona sencilla que nunca creyó en conceptos espirituales. Como hombre que tenía que trabajar en varios empleos para sobrevivir, lo hacía lo mejor que podía, pero sentía que su vida carecía de sentido. Una serie de acontecimientos le llevarían finalmente a descubrir que los guías espirituales son reales. Así que dio un salto de fe para ponerse en contacto con su guía espiritual.

A partir de ese momento, Jeremy empezó a encontrar razones para levantarse de la cama por la mañana que no fueran sobrevivir. Estaba más que contento de explorar las enseñanzas que le ofrecían sus guías, y pudo comprobar cómo mejoraba su bienestar emocional. Sin embargo, quería que su vida financiera mejorara, por lo que planteó el asunto en la meditación.

Jeremy no sabía casi nada de finanzas ni de cómo gestionar el dinero, así que en lugar de ser específico sobre cómo quería ayuda, simplemente dijo a sus guías que le ayudaran de la forma que consideraran mejor. Sus redes sociales estaban constantemente inundadas de mensajes sobre cómo ser su propio jefe, pero él nunca creyó que estuviera hecho para eso.

Tres días después de que Jeremy se propusiera alcanzar el éxito financiero, fue despedido de dos de sus trabajos. La semana siguiente, el negocio restante para el que trabajaba cerró porque los propietarios se declararon en quiebra. Jeremy estaba confuso. Después de todo, había pedido ayuda a sus guías con sus finanzas. En lugar de eso, había perdido todo su poder adquisitivo. Abatido, volvió a tratar el asunto con sus guías en una sesión de meditación. Recibió una palabra como respuesta a su consulta: "Confianza".

Momentos después, su amiga Micaela llamó a su puerta. Mientras hablaban, Micaela mencionó que estaba tomando una clase sobre comercio de criptodivisas. Después de haber visto demasiados vídeos en YouTube sobre estafas con criptodivisas, comerciar con ellas era lo último a lo que Jeremy pensaba dedicar su atención. Sin embargo, había una electricidad palpable en el aire en cuanto las palabras salieron de la boca de Micaela. Para Jeremy, el tiempo se detuvo. Una vez más, captó internamente el mensaje: "Confía".

Unos meses más tarde, a Jeremy le va fenomenal como operador de criptodivisas, ganando su salario mensual en cuestión de semanas y acumulando beneficios. Si sus guías no le hubieran sacado de su trabajo, no habría tenido tiempo ni se habría centrado en aprender esta nueva habilidad que hizo algo más que pagar las facturas y le permitió sobrevivir.

Reservar tiempo para el espíritu

Si quiere mejorar en algo, necesita practicar con constancia. Reserve un tiempo cada día para dedicarse a sus prácticas espirituales que le ayudarán a conseguir una conexión más fuerte con sus guías. ¿Cómo puede conseguirlo?

1. Antes de elegir arbitrariamente una hora, pruebe diferentes momentos del día. Algunas personas se sienten mucho mejor cuando practican a primera hora de la mañana, otras a última hora de la noche y otras pueden preferir la mitad del día. Todo depende de su horario y de dónde pueda encontrar espacio para sus guías. Si tiene tiempo, podría dedicar al menos 10 minutos tres veces al día a su práctica, pero si no lo tiene, de 10 a 15 minutos una vez al día a la misma hora es lo óptimo.

2. Si no está acostumbrada a meditar o a concentrarse en algo durante un tiempo, debería empezar con duraciones más cortas. Una vez más, de 10 a 15 minutos es un buen punto de partida. A medida que progrese, notará de forma natural que dedica cada vez más tiempo del habitual a su práctica. Si le cuesta durar más tiempo, suba de 15 a 20 minutos de forma gradual. Cuando se sienta cómoda concentrándose durante 20 minutos en su práctica espiritual, puede aumentarla a 25 minutos. Siga añadiendo cinco minutos cada vez que note que puede permanecer sentada sin distraerse tanto como antes.
3. Piense en sus prácticas espirituales como si se lavara los dientes. No son opcionales ni negociables. Su decisión no tiene nada que ver con sus sentimientos. Seguirá lavándose los dientes tanto si ve mugre en ellos como si no, o si está contenta o triste. Utilice el mismo enfoque en su vida espiritual. Con esta mentalidad, nunca tendrá la tentación de saltarse un día. Hará lo que debe, independientemente de si se siente de humor o no.
4. ¿Trabaja con más de una herramienta para conectar con sus guías? Organícese asignando un tiempo determinado a cada práctica. Tenga en cuenta que puede haber ciertos momentos en los que sus guías tengan mucho que hacer con usted. En esos momentos, debe permitirse flexibilidad para no interrumpir el proceso. Cuando no sea el caso, trabaje con su horario establecido.

Personalizar sus rituales

Podría buscar rituales ya establecidos que la gente utiliza para conectar con sus guías espirituales. Sin embargo, sería más beneficioso crear los suyos propios. Elaborar su propio ritual significa trabajar con su intuición, que es una de las formas en que sus guías se comunican con usted. Puesto que le conocen mejor que nadie, sabrán qué elementos incluir y qué acciones debe realizar para establecer una mayor conexión entre ustedes que si siguiera los métodos de otra persona. El proceso le dará una sensación de empoderamiento porque le convencerá de que puede comunicarse con su espíritu directamente sin la ayuda de un intermediario. Así pues, ahora entiende la necesidad de personalizar sus rituales. Aquí tiene cinco ideas que le ayudarán en el proceso:

1. Considere la posibilidad de hacer ofrendas a sus guías al comienzo de sus rituales para demostrar su gratitud.
2. Añada naturaleza a sus prácticas cuando y donde sea posible. Podría trabajar con plantas y piedras específicas, representaciones de animales y elementos como la luz del sol, la luna, el agua de lluvia, etc.
3. Puede incorporar sus rituales a su desayuno, comida o cena. Piense que es como comer con sus guías.
4. Si le gusta la música, incorporarla a sus rituales es una forma excelente de profundizar en su experiencia. Puede cantar, tararear o poner música ambiental que le ponga de buen humor.
5. El incienso es otro complemento excelente para ayudarle a desterrar la energía no deseada o rancia de su espacio espiritual y amplificar la energía de su guía.
6. Haga que la iluminación de su espacio ritual sea más suave y conectará con sus guías más fácilmente.

Modalidades alternativas para conectar con sus guías

Cartas de oráculo: Estas cartas llevan impresas imágenes y palabras encantadoras. Puede trabajar con ellas para obtener más claridad sobre lo que le comunican sus guías. Cuando tenga las barajas preparadas, comience dando las gracias a sus guías y haciéndoles saber sobre qué desea orientación y que desea mensajes claros e imposibles de malinterpretar. A continuación, baraje las cartas mientras formula la pregunta.

Las cartas de oráculo pueden ayudarle a obtener más claridad sobre lo que le comunican sus guías [25]

Cuando su intuición le lleve a dejar de barajar, saque una carta. Estas cartas suelen venir con interpretaciones para que pueda hacerse una idea general de la respuesta que está recibiendo. Después, siéntese en silencio para ver qué más comparten sus guías para ofrecerle más claridad.

Si no obtiene nada adicional, pero sigue necesitando seguridad, exponga su intención mientras baraja las cartas una vez más, deje de barajar cuando se lo indiquen y saque otra carta. Esta carta aclarará su respuesta. Cuando termine, puede anotar en su diario las percepciones que haya recibido para revisarlas más tarde.

Trabajo con los sueños: Esta modalidad es excelente para obtener claridad, confirmación, sanación, milagros y mucho más de sus guías. ¿Cómo funciona? En primer lugar, antes de acostarse, tiene que establecer la intención de que le gustaría conectar con su guía en sueños. Puede declarar esta intención en voz alta o decirla mentalmente. Una simple frase será suficiente.

Necesita un diario dedicado a anotar sus sueños y sus interpretaciones. Si acostumbra a despertarse durante la noche, debe recordar siempre su intención en lugar de apresurarse a abrir los ojos o salir de la cama. El trabajo con los sueños es imposible sin un buen recuerdo de los mismos. ¿Cómo puede mejorar recordando sus sueños?

1. Cuando se despierte de un sueño, haga lo que haga, no abra los ojos ni mueva el cuerpo. Si lo hace, las probabilidades de que olvide sus sueños son altas.
2. Cuando se vaya a la cama, practique recordando todo lo que hizo ese día empezando por lo último que hizo antes de meterse en la cama. Al principio, esto no será fácil de lograr, pero con el tiempo y la práctica, mejorará.
3. Cuando tiene sueños, utiliza el mismo método de recordar lo último que vio o sintió cuando estaba en el sueño, y luego retroceder desde ahí. Puede perder todo el recuerdo si intenta recordar lo primero que soñó.
4. Realice comprobaciones de la realidad a lo largo del día. Por ejemplo, puede mirar un reloj, apartar la vista y volver a mirarlo. Si observa que la hora sigue siendo la misma, definitivamente no está soñando. En los sueños, la hora tiende a oscilar. Lo mismo puede decirse de todo texto escrito. Otra excelente comprobación es hacer rebotar los pies contra el suelo y ver si

flota o vuela. Además, pregúntese qué estaba haciendo antes, qué está haciendo ahora, y siga retrocediendo. Esto funciona porque si lo hace en sueños, se dará cuenta de que hay algo raro en ir de su salón a la Torre Eiffel cuando en realidad vive en Nueva Jersey. Cuanto más realice estas comprobaciones de la realidad, más probable será que esos hábitos se trasladen a sus sueños. Cuando haga las comprobaciones y se dé cuenta de que está soñando, puede volverse lúcida y pedirle a su guía que venga a verle.

Escritura automática: Cuando practica la escritura automática, no piensa en las palabras que le llegan. Simplemente permite que fluyan de la pluma al papel, confiando en que los mensajes proceden directamente de sus guías espirituales. Primero debe establecer una intención sobre lo que desea orientación. A continuación, entre en un estado de meditación. Cuando llegue al punto en el que su mente y su cuerpo estén quietos y en el momento, puede escribir. No piense demasiado en lo que sale de usted. No intente editarlo. Si es una incoherencia, permítala. A medida que continúe, sus palabras acabarán cobrando sentido y le ofrecerán una perspectiva profunda sobre lo que quiera saber. Cuando termine, dé las gracias a sus guías por venir y revisar lo que ha recibido para que pueda interiorizarlo.

Capítulo 8: Vías meditativas: El acceso a la conciencia superior

No hay mejor forma de alcanzar una conciencia superior que a través de la meditación. Demasiada gente se atasca preocupándose por el futuro o lamentándose por su pasado como para centrarse en el presente. Permanecer en el aquí y el ahora es un requisito previo para alcanzar la conciencia superior. En este capítulo, aprenderá todo sobre las diferentes formas de meditación y cómo utilizarlas para acceder a esta conciencia superior, que afectará positivamente a su vida.

La mediación conduce a un estado superior de conciencia [26]

¿Qué es la conciencia superior?

La conciencia superior es un concepto que abarca múltiples principios. Lo primero que debe comprender sobre el estado de conciencia es que le libera de la idea de limitación y carencia. Como dijo una vez Bashar (canalizado por Darryl Anka), no existe la carencia, sólo la abundancia de carencia porque la abundancia es todo lo que hay. Esto puede parecer una sandez y un "autoengaño" para aquellos que aún no han despertado. Sin embargo, hay verdad en esa afirmación. Si desarrolla su conexión con la conciencia superior y la mantiene abierta, experimentará esta verdad en tiempo real. Nada le dará más tranquilidad que la comprensión que le ofrece la conciencia superior.

La consciencia superior consiste en un estado ampliado de conciencia. Se trata de percibir cosas fuera del ámbito del mundo físico o de cualquier cosa que sus cinco sentidos puedan distinguir. Cuando opera desde un estado de conciencia superior, se da cuenta de que intentar arreglar su vida sólo con la acción es como mirar su reflejo en un espejo y manipular sus labios con los dedos, esperando que sonría. La conciencia superior es comprender que todas las cosas proceden de la conciencia de ser primero. En otras palabras, si quiere que ese reflejo sonría, tendrá que sonreír, y sólo entonces verá lo que quiere ver. La conciencia superior consiste en ser, no en hacer. Sea lo que sea lo que quiera lograr o llegar a ser, primero debe serlo. ¿Cómo se consigue esto?

En primer lugar, debe aceptar que la versión de usted que ha logrado lo que desea ya existe como usted. Después, asuma que usted es esa persona y opere desde esa perspectiva. Como alguien que está en contacto con una conciencia superior, usted es una persona consciente de sí misma que comprende cómo se siente, por qué se siente de esa manera, cómo esos sentimientos afectan a sus pensamientos y cómo se unen para motivarle a actuar. Usted comprende la interrelación entre pensamientos, emociones y acciones.

Es imposible estar en este sentido elevado de conciencia sin tener un sentido de empatía y actuar con compasión. Desde este estado no se ve ninguna distinción entre uno mismo y la persona de al lado. Jesús explicaba esto a sus discípulos diciéndoles que cuando ayudaban a otros a su alrededor, en realidad le estaban ayudando a él. La conciencia superior es saber que usted y los demás son iguales. Este conocimiento hace maravillas por su creatividad e intuición porque le resultará fácil acceder al "internet espiritual" y extraer del consciente o inconsciente colectivo cualquier idea nueva que busque para crear, comprender, sanar, crecer o hacer realidad otras intenciones.

Beneficios de acceder a la conciencia superior

Paz mental: Uno de los mayores regalos de la conciencia superior es que le mantiene en el momento presente. En otras palabras, si usted es una persona muy ansiosa, constantemente preocupada y deprimida, encarnar el ideal de conciencia superior de estar aquí y ahora resolverá sus problemas, dándole lo que se describe como "la paz que sobrepasa todo entendimiento".

Una gama más amplia de percepción: Su conexión con la conciencia superior significa que puede captar información inaccesible para la mayoría porque no operan a través de otra modalidad que no sea la física. Confían demasiado en lo que les dicen sus cinco sentidos. ¿Sabía que la luz del sol le llega con 500 segundos de retraso? ¿Sabía también que lo que se observa depende del estado de ánimo del observador? Esto nos lleva a preguntarnos: ¿cuál es la realidad última?

La respuesta es que existe un número infinito de posibilidades. Es cuestión de elegir cuál de estas posibilidades prefiere. Por ejemplo, si le gustaría tener éxito financiero, no importa que nunca haya experimentado esto como una realidad física objetiva. Tampoco importa que su realidad actual no coincida con lo que usted preferiría. Al permanecer en el estado de conciencia superior, usted manifiesta su ideal deseado asumiendo que ya es una persona con éxito financiero. Entonces, el mundo físico -un espejo retrasado de sus suposiciones sobre quién es usted hasta el momento de cambiarlas- tendrá que mostrarle pruebas de su nuevo estado de conciencia o ser a su debido tiempo.

Intuición más fuerte: Algunas personas sólo reciben mensajes intuitivos cuando se encuentran en una situación de extrema necesidad o peligro. ¿Y si pudiera permanecer en contacto constante con su intuición en todo momento? Éste es un beneficio esencial que le ofrece el acceso a la conciencia superior. Piense que es como tener un ojo en el cielo, que le ayuda a sortear obstáculos y amenazas, y le conduce por los caminos más cortos y mejores hacia donde usted quiera.

En realidad, los beneficios de acceder a la conciencia superior son infinitos. Su vida volverá a estar inundada de significado y propósito para que espere con ilusión cada nuevo día. Desarrollará una mayor fortaleza, capaz de manejar cualquier cosa que la vida le depare porque comprenderá que todos los caminos conducen a su mayor bien. Tendrá mejores habilidades para resolver problemas por ser mucho más creativo gracias a ese pozo infinito de creatividad que es la conciencia superior.

Es más, la relación que mantiene con usted misma dará un giro a mejor, ayudándole a darse cuenta de su poder, valor y valía. Sus relaciones con los demás también se volverán más ricas, y cada momento le ofrecerá un regalo nuevo y más asombroso que el anterior mientras comulga con las personas de su vida.

Meditación

La meditación es mucho más que intentar relajarse o desestresarse. En estos días, el capitalismo claro ha vuelto a hundir sus garras en algo que originalmente estaba destinado a ayudar a la humanidad. Búsquelo y encontrará que alguien está intentando venderle una aplicación, velas perfumadas, un curso de suscripción o cualquier otra cosa a menudo empaquetada de una forma que despoja la esencia del concepto para que sea más fácil de vender. Después de todo, es más fácil comercializar la rapidez y la facilidad, una fórmula milagrosa, una solución rápida.

La meditación es una práctica que requiere compromiso y la voluntad de mantener la conciencia concentrada. Se hace a solas mientras se está sentado o recostado en posición semierguida. Las meditaciones en grupo también son posibles, pero al conectar con su divino femenino, debe meditar por su cuenta para aprender a centrarse en una sola cosa sin distraerse.

La meditación no es sólo algo que hace cuando siente que necesita relajarse. Claro que funciona para ese propósito. Pero si quiere ir más allá de la atención concentrada y la relajación profunda hacia un estado alterado de conciencia en el que perciba la realidad que potencia, puede hacerlo con la meditación. Es una herramienta que conduce a una mayor atención plena. Puede utilizarla como puerta de acceso a los muchos mundos que hay en su interior y para conectar directamente con la conciencia superior.

Incluso la ciencia se ha dado cuenta de que la meditación es mucho más que sentarse en silencio y no conseguir nada. Un estudio de la Universidad de Sunshine Coast reveló que con la atención plena se desarrolla una mejor atención. Los investigadores trabajaron con 81 participantes de al menos 60 años, implicándoles en la atención plena, y fueron examinados seis meses después. Los meditadores habían mejorado enormemente a la hora de mantener la atención en una sola cosa gracias a los cambios en su estructura cerebral resultantes de su práctica de ocho semanas. También descubrieron que las personas que meditan o utilizan otras prácticas de atención plena mejoran en el procesamiento de la información a través de sus cinco sentidos, ya que su percepción se vuelve más aguda. Algunos hallazgos demuestran claramente que la atención plena hace que el cerebro sea más maleable y esté más abierto a cambiar y desarrollarse para mejor, ya que la meditación provoca neuroplasticidad.

Tipos de meditación

Puede elegir entre una gran variedad de técnicas de meditación, en función de sus objetivos. Algunas son dinámicas, lo que significa que tiene que caminar o moverse para realizarlas. No existe ninguna forma de meditación que sea superior a las demás. Lo mejor es probarlas y seguir haciendo la que mejor resuene con usted. Algunas meditaciones requieren mantener la atención en algo concreto durante todo el tiempo, como la llama de una vela, un punto en la pared, el sonido del agua que gotea, un olor, su respiración, un mantra, etc. Con el tiempo, mantendrá su atención sin distraerse y, cuando la pierda, volverá rápidamente a centrarse en el objeto.

Existe la meditación de monitoreo abierto, en la que usted permite que su atención divague mientras permanece ajena a lo que percibe en el interior o en el exterior. No juzga nada, sino que percibe todas las cosas tal y como son. Usted permanece no-reactiva. Luego está la presencia sin esfuerzo, en la que su atención no está en ninguna cosa específica. Su única atención está en estar aquí y ahora. Podría pensarse que esta meditación es la meditación definitiva, llegar al punto de silencio y falta de forma en el que usted es todo y nada. Esta frase tendrá más sentido a medida que practique. Con estas agrupaciones generales en mente, aquí tiene técnicas específicas que podría probar:

Meditación zen: Siéntese en el suelo utilizando un cojín o una esterilla con las piernas cruzadas en loto o medio loto. Puede sentarse en una silla. Asegúrese de que su columna está recta. Permanezca concentrada en su respiración mientras entra y sale por las fosas nasales, contando su respiración y volviendo a empezar la cuenta cuando se distraiga. Alternativamente, puede simplemente sentarse, estar aquí ahora y observar lo que surge en su mente y lo que ocurre en su entorno sin pensar demasiado en nada.

Vipassana: En primer lugar, tiene que aprender a concentrarse, lo que procede de la meditación básica, en la que nota su respiración, ya sea la sensación del aire fluyendo por las fosas nasales o la subida y bajada del estómago. Este es su enfoque principal. Cíñase a él y surgirán otras cosas que podrá notar, ya sea en su cuerpo o a través del pensamiento. Cuando sienta que este nuevo elemento ha desviado su atención de su foco primario, dedíquele un momento más y etiquételo en su mente con una palabra adecuada que lo describa, como "oler", "desear", "pensar", "recordar", etc. Debe ser una palabra general. No es necesario etiquetarlo detalladamente. En lugar de etiquetar un sonido como "avión", "televisión" o "risa", elija "oído". En lugar de "dolor de cabeza", "calambres" o "punzadas", utilice "sensación". En lugar de "enfado", "alegría", "confusión", etc., utilice "sentimiento". Cuando etiquete la cosa, vuelva a centrar su atención en el foco principal.

Meditación con mantras: Un mantra es un sonido que puede o no tener significado. Puede ser una palabra o una serie de palabras. Para realizar la meditación del mantra, siéntese en silencio y comience a cantarlo repitiéndolo en voz alta o en su mente. Si lo hace en voz alta, notará vibraciones sutiles moviéndose a través de usted. Puede haber ocasiones en las que no quiera cantar en voz alta, entonces hágalo en su mente. He aquí algunos de los mantras más comunes:

- Om
- Yam
- Ham
- So, ham
- Rama
- Om namah Shivaya
- Om Shanti
- Om mani padme hum
- Hu
- Brzee

Puede repetir el mantra elegido 108 veces o 1008 - ¡o programar un temporizador y seguir cantando hasta que suene!

Consejos prácticos para una meditación eficaz y regular

1. Establezca siempre una intención para su meditación antes de empezar. Si quiere relajarse, fije esa intención. Si quiere ir más lejos, fije eso en su mente primero.
2. Siempre debe meditar en un lugar libre de distracciones, sobre todo cuando acaba de empezar. Después de un tiempo, descubrirá que puede meditar incluso en medio de una calle concurrida y ruidosa o en la pista de baile de un club nocturno, si es que alguna vez hay una razón para meditar en esos lugares.
3. Seleccione un método de meditación con el que resuene. Si algo no le funciona, pase a otra cosa.
4. Su experiencia de meditación será más profunda si se toma el tiempo necesario para crear el ambiente y hacer que su espacio sea sagrado. La iluminación suave, la luz de las velas, el incienso y los elementos naturales son excelentes formas de hacer que su espacio sea más sagrado.

Los retos y las recompensas de vivir con una conciencia superior

Sería negligente por parte de este libro no informarle de los retos a los que se enfrentará cuando elija vivir una vida llena de conciencia superior. Será más consciente de las sensaciones, recibirá información adicional de fuentes distintas a sus cinco físicas. Esto puede resultar abrumador para el principiante que apenas está empezando a deliberar sobre la búsqueda de su crecimiento espiritual. Si alguna vez se siente así, le resultará útil asentarse en la realidad. Dé un paseo por la naturaleza o pase tiempo en ella. Si puede caminar descalza por terreno natural, hágalo. Podría practicar el escaneo de su cuerpo, trabajando desde los pies hasta la cabeza, y siendo consciente de cómo se sienten los músculos en cada parte. Además, sea firme con sus límites porque su práctica puede atraer a individuos que quieran aprovecharse de su energía fresca.

Además, a veces le parecerá que está dando un paso adelante sólo para dar varios hacia atrás porque se está topando con las raíces de los patrones que ha ejecutado inconscientemente sin pensar. Se encontrará cara a cara con su ego, que no quiere que siga por este camino porque teme que lo vea como lo que es: una ilusión, y morirá. La solución aquí es ser compasivo consigo misma mientras lidia con el empuje y el tirón internos. Acepte que este sentimiento forma parte de la danza de la evolución espiritual.

La evolución espiritual puede ser un viaje solitario, ya que no mucha gente está preparada para desprogramarse como usted lo está haciendo. Es posible que pierda a viejos amigos y que se produzca un distanciamiento entre usted y su familia. Busque a personas que trabajen conscientemente en su crecimiento espiritual, como usted, para que no se sienta sola y le animen a seguir siendo su auténtico yo.

Las recompensas de vivir una vida de conciencia superior superan con creces cualquier inconveniente que pueda imaginar. Nada en el mundo podría ofrecerle la cantidad de paz interior que esta modalidad de vida puede ofrecerle. Puede que las arenas del tiempo y el espacio se muevan bajo sus pies, pero usted no se tambalea porque la conciencia superior es el fundamento último de toda vida, así que sabe que no se caerá. Puede confiar en su estabilidad. Usted pasa a formar parte de esas almas que están entrando en contacto con su lado compasivo y empático y compartiendo esa calidez y ese amor con un mundo que necesita desesperadamente sanación y paz. Se vuelve más intuitiva y creativa, viviendo una vida en la que cada aliento que toma está impregnado de propósito y pasión, una vida en la que se da cuenta de que las únicas cosas que importan están aquí, ahora, y la forma en que ocupa este espacio y este tiempo.

Capítulo 9: La oración como ritual sagrado

¿Qué es la oración?

La oración es universal. Es comunicarse con lo divino, con aquello que está más allá de la comprensión, independientemente de cómo lo llame o de cómo interactúe con la fuerza. Es invocar el poder de la fuente de toda vida, canalizándolo hacia la consecución de un objetivo. Es mostrar agradecimiento y, cuando es necesario, buscar la intervención para cambiar algo en su vida o en la de otro para mejor. Normalmente, la gente reza a sus antepasados, deidades o cualquier versión de Dios en la que crea. Rezar no consiste sólo en pedir cosas, sino también en dar las gracias y ofrecer alabanzas con palabras y con rituales y ofrendas. La oración no es como la comunicación habitual porque se está conectando con un poder que es cualquier cosa menos físico.

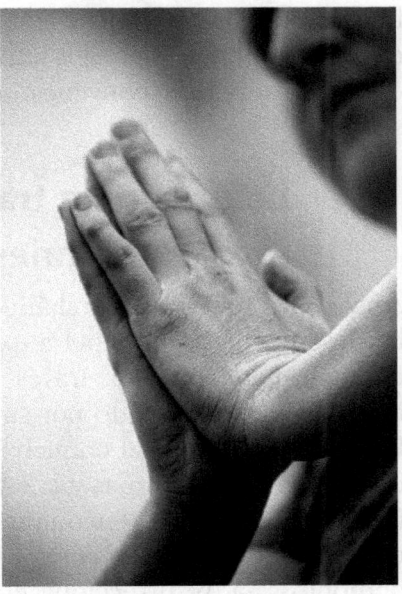

La oración es comunicación con la divinidad [17]

La gente siempre ha rezado, entienda o no plenamente a qué o a quién reza. Se puede rezar solo o en grupo. Para algunos, la oración es la realización de rituales, y para otros, la oración implica cantar himnos, entonar conjuros y enunciar credos personales. Todas las religiones del mundo practican la oración de alguna forma. En ciertas ideologías, la oración es algo estricto, con una serie de reglas que deben seguirse al pie de la letra. Para otras, hay más espacio para el flujo creativo, permitiéndole dejarse llevar por su intuición. En general, la oración tiene una naturaleza dual. ¿Cómo? Usted habla a la divinidad, pero también, escucha. Usted pide en la oración y recibe.

La ciencia ha investigado la oración y su poder, concretamente para ver cómo puede conducir a la sanación, pero como de costumbre, sus resultados son contradictorios. Por un lado, algunos científicos enfocan su investigación con un sesgo en contra de todo lo espiritual, lo que inevitablemente afecta a su interpretación y experiencia de la oración. Por otro lado, charlatanes como los líderes de sectas y los falsos predicadores de la prosperidad han convertido su carisma en un arma para controlar a las personas que no están dispuestas a pensar por sí mismas y son susceptibles de que les laven el cerebro. Estas personas fingen milagros y mucho más, e inevitablemente, una vez que los científicos ponen sus ojos en ellos para investigar, se alejan de sus estudios, aún más convencidos de que la oración es un engaño sin sentido.

La oración a través de la lente de las tradiciones y las religiones

Analice las religiones abrahámicas y descubrirá que la oración siempre ha desempeñado un papel importante. Los fieles seguidores de Dios se comunicaban con él a través de la oración, normalmente de forma espontánea, y a menudo por su cuenta, en la Biblia hebraica - hasta que las cosas cambiaron al comienzo del libro del Deuteronomio, donde se establecieron las normas y la estructura de la oración. En las páginas del Nuevo Testamento, encontrará que las oraciones consistían más en ordenar que ocurrieran cosas buenas, como la sanación, la liberación de demonios, la resurrección, etc. Los cristianos de aquellos tiempos aprendieron a hacer de la oración algo habitual y a hacerlo en privado. El Padrenuestro era un ejemplo excelente que Jesús ofrecía al pueblo para que lo utilizara.

La oración desempeña un papel importante en las religiones abrahámicas [88]

¿Y el judaísmo? Tres veces al día, debe observar sus oraciones: el Shajarit, Mincha y Ma'ariv. Ciertas ceremonias religiosas tienen oraciones mucho más largas. En general, las oraciones judías tienen dos partes: la intención (o *kavaná*) y los aspectos organizados (la *keva*). Una de las oraciones más comunes de los judíos es la *Amidá*, "la oración de pie". También están los cabalistas, que rezan con kavanot, que son *intenciones ligadas a sus oraciones,* destinadas a garantizar una respuesta rápida y eficaz.

Los musulmanes llaman *salah* a la oración, una palabra árabe que se refiere a los rezos que deben hacerse cinco veces al día a horas fijas. Todos los musulmanes saben que deben rezar mirando en dirección a la Kaaba de La Meca una vez que oyen la adhan, la "llamada a la oración". Suelen comenzar sus oraciones con alabanzas a Dios y a su grandeza. Leerán fragmentos del Corán durante sus sesiones, honrarán a Dios bajándose al suelo en postración o sujud, y ofrecerán más alabanzas antes de terminar con una proclamación de paz y de la misericordia de Dios para todos.

En algunas partes de África, la oración implica rituales, bailes, cánticos, música, danza y sacrificios en honor de seres divinos que bendicen benévolamente al pueblo por su devoción. ¿Y en las religiones orientales? Los mantras son habituales en el hinduismo y el budismo. Sin embargo, los budistas no suscriben la idea de rezar a un Dios o una Diosa. El hinduismo tiene una oración filosófica y una meditación sobre la esencia de deidades específicas.

Si quiere rezar, hay una cosa que debe recordar siempre: su intención importa. Es mucho mejor hacer que su oración sea lo más personal posible porque será mucho más sincera y menos rutinaria que rezar oraciones estándar (a menos que rece esas oraciones tradicionales centrándose profundamente en sus significados).

Tres formas de oración

Oración intencional consciente: Esta oración requiere que centre su mente en alcanzar un resultado específico, su intención. Necesita una imagen mental del cumplimiento de lo que desea. A continuación, lo deja en manos de la fuente de toda vida, confiando en que se ocupará de ello en el momento adecuado, ni demasiado pronto ni demasiado tarde, y de la mejor manera para todos los implicados. La intención es el motor que impulsa su oración hasta que se convierte en un resultado materializado para que todos lo vean. Es la razón por la que se levanta de la cama para perseguir sus sueños, superar sus objetivos y hacer realidad sus deseos.

Al incorporar la energía de la intención a sus oraciones, tendrá claro lo que espera recibir. Centra su energía, haciéndole más propensa a recibir lo que desea.

La oración consciente e intencionada requiere un reenfoque deliberado de su mente en su objetivo mientras reza, manteniendo sus pensamientos y emociones como rehenes hasta el final de su tiempo de oración y disciplinándolos para que no se desvíen. Lo que supone y lo que siente mientras reza debe coincidir con lo que sentiría si ya tuviera la respuesta a su oración. De este modo, se coloca en la mejor posición para que la divinidad le ayude. Sus acciones y elecciones se alinearán de forma natural con lo que desea, y sólo será cuestión de tiempo que haga realidad su sueño.

Puede encontrar esta intencionalidad en el *Sankalpa* del hinduismo, un voto solemne, una intención que debe realizar antes de hacer realidad sus sueños. Siendo deliberada al ofrecer su Sankalpa al universo, manteniendo su enfoque en el objetivo final que ya es real aquí y ahora, y permaneciendo devota a esa visión, usted reúne energía de cada plano de existencia y esculpe su mundo en la visión exacta que desea ver.

Oración de conciencia plena: La oración de la conciencia plena consiste en permanecer consciente de cómo está siendo y de lo que está pensando de un momento a otro y asegurarse de que se alinea con la esencia de Dios. Tiene que estar centrada cuando trabaje con esta oración. Pero en lugar de buscar resultados, se interesa más por su mundo interior. ¿Qué siente en su cuerpo? ¿Y emocionalmente? ¿Cuáles son sus pensamientos en este momento? Hágase estas preguntas sin juzgarse. No está haciendo una petición concreta porque lo único que importa es permanecer firmemente arraigada en el presente, donde su pasado y su futuro son conceptos inexistentes. Por lo que usted sabe, bien podría haber aparecido de repente en la Tierra ahora mismo.

¿Qué sentido tiene esta oración? Será más consciente de sí misma, lo que le pondrá automáticamente en contacto con su intuición. A medida que aparezcan sus deseos durante el día, se verá conducida de forma natural hacia las respuestas que busca. Gracias a su conexión más profunda con su intuición, será dirigida a tomar las acciones correctas, decir las cosas correctas y estar en el lugar correcto en el momento correcto. La oración de conciencia plena consiste en permanecer receptivo, aceptando lo que sea y lo que venga después. Una cosa que notará con esta forma de adoración es que es casi como la meditación, en el sentido de que el monólogo continuo en su cabeza se ve obligado a callarse, dándole paz interior independientemente de lo que ocurra a su alrededor. Recibirá percepciones fenomenales que cambiarán su vida para mejor desde este estado. Si practica esta oración, no tendrá que rezar por cosas concretas porque las cosas se alinearán maravillosamente para usted.

Oración de la conciencia inconsciente: Con esta forma de oración, existe una conexión entre sus intenciones específicas y la conciencia de su experiencia vital en el aquí y ahora. En otras palabras, es el equilibrio entre la intención consciente y la conciencia plena. No sólo tiene momentos en los que se centra en su intención, sino que se asegura de actuar como alguien que ya tiene lo que busca. Incluso cuando se enfrenta a la evidencia de la ausencia de su deseo en lo físico, no permite que eso le afecte. Continúa fijando su mente en su manifestación totalmente encarnada (en su imaginación) mientras realiza un seguimiento de su experiencia vital, asegurándose de que su parloteo mental, sus emociones, sus acciones y su visión coinciden con su realidad deseada.

Ahora entiende la mecánica básica de la oración -Recuerde, no se trata sólo de honrar a una deidad porque eso es lo que le han enseñado. Es un acto sincero, que usted hace de buena gana. La oración es una forma profunda de cultivar la presencia y la atención. Cuanto más rece, más experimentará la conciencia superior.

Consejos prácticos para una oración coherente y significativa

1. No utilice rituales si no se siente cómoda. No es necesario que utilice palabras específicas de oraciones establecidas si no le resuenan, ni que elabore las suyas y las repita hasta que pierdan significado. Puede simplemente tomar conciencia del momento y fijar su intención antes de empezar.

2. Encuentre una forma de encajar la oración en su rutina para mantenerse constante. Podría hacer que la oración fuera lo último que hace por la noche y lo primero que hace antes de levantarse de la cama por la mañana. Podría aprovechar las pausas para comer, el momento antes de entrar en el edificio de su oficina o antes de ponerse en camino a casa. Depende de usted.

3. No se limite a pedir. Reciba también. ¿Cómo? Cuando termine de pedir, permanezca sentado en silencio y espere una respuesta. Tenga en cuenta que puede que no sea con palabras. Puede ser un simple sentimiento de plenitud, certeza, satisfacción, facilidad o cualquier otra cosa.

4. Anote en un diario todo lo que reciba de la oración. Este registro le mostrará que efectivamente funciona y le ayudará en los momentos en que vacile en la duda.

5. No se castigue por saltarse uno o dos días de oración. Al mismo tiempo, comprenda que necesitará tiempo para establecer la constancia, así que sea más amable consigo misma.

Capítulo 10: Una espiral continua de crecimiento

En este capítulo final, debe recordar que usted forma parte de lo divino femenino. Usted es inseparable de su gracia, misericordia y amor. Lleva su poder y su esencia en su interior.

Usted forma parte de lo divino femenino [29]

Celebrando a su diosa interior

A medida que desarrolla su relación con lo divino femenino, debe celebrarse a sí misma. Debe reconocer lo lejos que ha llegado porque no es ninguna hazaña que haya decidido seguir este camino y haya seguido adelante con su decisión a pesar de que el mundo es un lugar donde lo masculino tóxico intenta sofocar lo divino femenino en cada uno de nosotros. Usted ha elegido el camino menos transitado y, como resultado, se ha convertido en una de las muchas personas que finalmente ayudarán al mundo a liberarse del desequilibrio de energías que sufre actualmente.

Abrazar a su diosa interior no es fácil porque significa superar las tendencias que le han inculcado desde que nació. Es un curso de acción que requiere desaprender, y es brutal. Tiene que desmenuzar las cosas que antes consideraba parte de su yo original, dándose cuenta de que no son más que ideas de otros que aceptó como su identidad. Hay momentos en este viaje en los que se siente tan doloroso y francamente imposible progresar. Así que, si ha elegido perseverar y seguir adelante, definitivamente debería celebrar el valor y el progreso que ha hecho hasta ahora.

No es fácil convencerse de que hay formas mejores que trabajar hasta la extenuación para lograr la abundancia. Como otros en el pasado, su respuesta por defecto a la idea de no necesitar trabajar duro para lograr la abundancia habría sido burlarse y reírse de su aparente ridiculez. Sin embargo, usted se ha atrevido a demostrarse a sí misma esta verdad, lo que no es fácil ante la ilusión tan persistente de necesitar trabajar hasta la extenuación para lograr la abundancia.

Puede que haya habido momentos en los que la vida haya parecido burlarse de usted. Puede que haya habido momentos en los que se haya preguntado si no estaba siendo tonta o ridícula, probando esta "cosa del divino femenino", preguntándose si no sería mejor volver al status quo al que estaba acostumbrada y con el que estaba familiarizada. Sin embargo, de alguna manera ha encontrado el valor para seguir adelante. Su voluntad, perseverancia y fe le han recompensado con la evidencia de nuevas y mejores formas de alcanzar sus sueños en la vida. Es algo que merece la pena celebrar.

A medida que siga incorporando la energía del divino femenino a su vida, tenga en cuenta que no siempre mantendrá un nivel fijo de esta energía. Usted no es un ser estático. Nadie lo es. Todos estamos diseñados para seguir evolucionando, para fluctuar con respecto a la dinámica del péndulo de lo divino que oscila de una energía a otra. Por lo tanto, si se encuentra fuera de equilibrio, lo último que debe hacer es castigarse. En lugar de eso, alégrese de tener ahora la conciencia para ser consciente de este cambio de equilibrio y haga lo necesario para volver a su centro.

De nada sirve sentirse terrible por ser un ser imperfecto o defectuoso. La propia naturaleza de la imperfección es un diseño perfecto de la naturaleza. Es una característica, no un defecto, así que no se obsesione con sus errores. Véase a sí misma como una obra de arte en constante y eterno progreso, siempre evolucionando hacia algo más refinado. De este modo, en lugar de criticarse duramente, podrá celebrar lo lejos que ha llegado de quien solía ser a quien es ahora. Le entusiasmará la perspectiva de en quién se convertirá a lo largo de su viaje para abrazar lo divino femenino que lleva dentro.

Cultive su...

Su intuición le guiará por el camino del encuentro con su yo más equilibrado [80]

Una de las cosas más esenciales que debe recordar es mantenerse constantemente en contacto con su intuición. Es su intuición la que le guiará cada vez más por el camino del encuentro con su yo más equilibrado. Su intuición es esa voz suave y tranquila que le hará saber cuándo se está desviando de sus objetivos. Haga lo que haga, hónrela sin cuestionarla. Llegados a este punto, debería haber descubierto la inutilidad de intentar interpretar la intuición utilizando la lógica y la racionalidad. Es mucho mejor abrazarla sin cuestionarla y descubrir más tarde por qué era esencial hacer caso a esa voz que le advertía y le dirigía por aquí y por allá.

Su ego le seduce para que vuelva a la trampa de la lógica. Recuerde, la idea que subyace a la lógica está arraigada en lo que es familiar y ya conocido. ¿Cómo podría crecer si permanece en los espacios que ya conoce? ¿Cómo podría descubrir nuevas tierras si sólo se queda en casa? ¿Cómo puede llegar a ser más de lo que es si insiste en permanecer exactamente como es? Sin embargo, la lógica insiste en que lo mantenga todo igual. La lógica está impulsada por el ego porque su ego teme que si se atreve a explorar lo desconocido, se ponga en peligro y deje de existir. Lo único que el ego teme por encima de todo es la inexistencia. Así que es esencial romper con los hábitos del ego, rehuir la tendencia a refugiarse en la seguridad de la lógica y la razón, y en su lugar darse cuenta de que su existencia no puede extinguirse o borrarse permanentemente. ¿Por qué? Porque usted es ante todo un alma, antes que un ser humano. Usted es un ser eterno, que no puede ser destruido.

Puede que mire a su alrededor y vea que la enfermedad y la muerte se cobran la vida de la gente. Sin embargo, tenga la seguridad de que esas almas continúan su próxima aventura en otra reencarnación. Ahora mismo, usted es un alma viviendo una aventura humana. Su ego no lo entiende porque está aterrorizado de que esto sea todo lo que hay en la vida. Continúa haciendo lo que debe para protegerle. En su equivocada opinión, le está manteniendo a salvo de cualquier daño.

Si hay algo que su ego sabe sobre su intuición, es que le llevará a profundidades que no puede comprender, donde sospecha que será destruido. En cierto sentido, esto es cierto. A medida que practique la expresión de la energía del divino femenino en su vida, se conectará de forma natural con la conciencia superior y se dará cuenta de que el ego es una herramienta que puede soltar y recoger según sea necesario. Aprenderá que todo lo relacionado con su ego -quién es, lo que le gusta y lo que no le gusta, su nombre, cuánto gana, lo que hace, etc.- no es más que una máscara o un disfraz. Es como ponerse ropa y asumir que es lo que usted es en lugar de saber que puede quitársela y ponerse otra diferente. Puede quemar la ropa y seguir estando perfectamente bien.

Así pues, si alguna vez se siente impulsada a participar en una conversación al azar, aunque no esté en su naturaleza interrumpir a los demás cuando hablan, debería hacerlo. Si no es una ávida lectora, pero de repente siente el impulso de leer un libro concreto, haga caso a su intuición. Si ha pasado toda su vida odiando la idea de las matemáticas y los números y, sin embargo, de repente quiere aprender sobre teneduría de libros o contabilidad empresarial, haga caso a su instinto y sígalo. Si siempre ha asumido que nunca podría crear nada parecido a las bellas obras de arte que ha visto de pintores, escultores y otros artistas, pero de repente le pica el gusanillo del arte, siga ese impulso y vea adónde le lleva.

En otras palabras, sea como un niña. ¿Ha observado alguna vez a los niños pequeños cuando juegan? Si les quita un juguete, pasan inmediatamente al siguiente objeto brillante e interesante. No se paran a pensar si quieren jugar con esa cosa o no. Simplemente siguen a su corazoncito. Por desgracia, con el tiempo, la sociedad embota el instinto de seguir su intuición y hace hincapié en la necesidad de actuar con cautela y ser lógico, racional y comedido en los asuntos del corazón.

Pues bien, querida lectora, ha llegado el momento de que tire ese libro. Es hora de volver a ser su niña interior. Deje que su intuición le guíe. Confíe en que siempre le llevará a lugares hermosos y observe cómo se despliega la magia en su vida. Si realmente desea caminar por la senda de lo divino femenino, no tiene elección en este asunto, ya que es a través de su intuición como su energía y sabiduría fluyen y se expresan en su vida. A través de su intuición, sus guías espirituales le conducirán hacia donde debe ir para experimentar la mejor versión de sí misma. Al seguir su intuición, usted ofrece un regalo a los demás, mostrándoles el camino hacia la sanación y reflexionando sobre las posibilidades que podrían disfrutar.

Conclusión

Ya no puede permitirse jugar a lo pequeño. No puede permitirse seguir haciendo las cosas como siempre las ha hecho. Al haber leído este libro, ha respondido a la llamada del divino femenino, y ahora su fuego ruge en su interior, exigiendo atención. Si decide hacer caso omiso de la información que ha aprendido en estas páginas, descubrirá que los disfraces y las máscaras que sigue insistiendo en llevar se volverán más pesados que nunca. Confíe en este hecho: no querrá que la pesadez progrese más allá de cierto punto. La carga de responder a la llamada del divino femenino es mucho más ligera que insistir en mantener la farsa de la vida que ha vivido hasta ahora. Ella le ofrece algo mucho mejor de lo que puede imaginar. Sólo hay una forma de recibirla: atreverse a dar un paso hacia lo desconocido.

Es hora de quemar el puente que aún le une a todo lo que le resulta familiar y querido. Es hora de adentrarse en un nuevo territorio para descubrir qué más hay dentro de usted. Usted es portadora de grandeza, fuerza, resistencia, valor, amor, luz, abundancia y muchos otros dones que sólo usted puede descubrir atreviéndose a tomar la mano del divino femenino. Permítale que le muestre el camino hacia su auténtico yo. Merece vivir la vida que siempre ha soñado. Durante mucho tiempo, siempre ha sospechado que las cosas podrían ser mejores de lo que son, y está en lo cierto. Ahora sabe cómo conseguir esa vida mejor que siempre ha deseado. Sería una verdadera lástima que se negara a sí misma el regalo de cumplir sus sueños.

¿Se siente aterrorizada? ¿Le persiguen la incertidumbre y el miedo? Esto es perfectamente normal. Es de esperar. Sin embargo, debe demostrar valor. Esto no significa que no tenga miedo. Significa que reconocerá su miedo y actuará a pesar de él. Es triste que la sociedad haya enseñado a todo el mundo a tener miedo de tener miedo. Hay una razón para ello y es insidiosa. He aquí una buena regla empírica para que viva de ahora en adelante: Si algo le aterroriza o le da miedo, eso es exactamente lo que debe perseguir. Sus miedos le dan pistas sobre lo que debería estar haciendo con su vida. Así que, si la idea de abrazar lo divino femenino y encontrar a su diosa interior le aterroriza, ya sabe lo que debe hacer. Es su única tarea; debe llevarla a cabo hasta el final y más allá. El miedo que siente puede decirle que no está preparada. Pero eso es una gran mentira.

Recuerde, no hay coincidencias. Sólo hay una razón por la que usted y este libro se han encontrado: usted *ya está preparada.* Está tan preparada como nunca lo estará. Así que dé el paso y vea lo que hay al otro lado. Pero tenga cuidado, nunca volverá a ser la misma, pero será para mejor.

Nunca está sola. Recuérdelo. Es propiedad de la Madre Divina.

Vea más libros escritos por Mari Silva

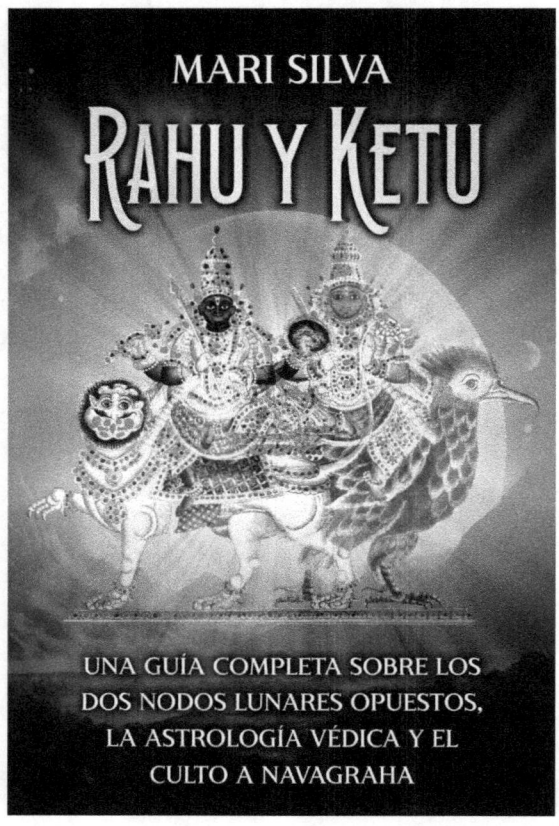

Su regalo gratuito

¡Gracias por descargar este libro! Si desea aprender más acerca de varios temas de espiritualidad, entonces únase a la comunidad de Mari Silva y obtenga el MP3 de meditación guiada para despertar su tercer ojo. Este MP3 de meditación guiada está diseñado para abrir y fortalecer el tercer ojo para que pueda experimentar un estado superior de conciencia.

https://livetolearn.lpages.co/mari-silva-third-eye-meditation-mp3-spanish/

¡O escanee el código QR!

Referencias

Azman, T. (2023, October 16). Spirit Guides: How They Can Offer Comfort and Guidance When You Need It Most. Mindvalley Blog. https://blog.mindvalley.com/spirit-guides/#h-what-is-a-spirit-guide-and-how-do-they-touch-your-life

Budson, A. E. (2021, May 13). Can Mindfulness Change Your Brain? Harvard Health. https://www.health.harvard.edu/blog/can-mindfulness-change-your-brain-202105132455

Chang, P. (2017, September 9). Why The Imbalance of the Divine Feminine & Divine Masculine Energies Is The Root Cause Of Human Suffering. Conscious Reminder. https://consciousreminder.com/2017/09/09/imbalance-divine-feminine-divine-masculine-energies-root-cause-human-suffering/

Dienstmann, G. (2019, July 13). Types of Meditation - An Overview of 23 Meditation Techniques. Live and Dare; Live and Dare. https://liveanddare.com/types-of-meditation/

Isbel, B., Weber, J., Lagopoulos, J., Stefanidis, K., Anderson, H., & Summers, M. J. (2020). Neural Changes in Early Visual Processing after 6 Months of Mindfulness Training in Older Adults. Scientific Reports, 10(1). https://doi.org/10.1038/s41598-020-78343-w

Humphreys, L. C. (2021, October 28). Duality. God Is Both Masculine and Feminine. Medium. https://medium.com/@laurenhumphreys737/duality-god-is-both-masculine-and-feminine-d45b1e3d31e5

Lee, K. A. (2015, May 25). The 4 Female Archetypes of the Moon (+ How to Work with Them). The Moon School. https://www.themoonschool.org/archetypes/four-female-archetypes/

Louise, R. (2014). Loving the Divine Feminine, Integrating the Whole. Elephant Journal. https://www.elephantjournal.com/2014/06/loving-the-divine-feminine-integrating-the-whole/

Lutz, A., Davidson, R. J., & Ricard, M. (2014). Neuroscience Reveals the Secrets of Meditation's Benefits. Scientific American. https://www.scientificamerican.com/article/neuroscience-reveals-the-secrets-of-meditation-s-benefits/

Sage, M. (2023). The Universal Power of Prayer. Psychic Bloggers. https://psychicbloggers.com/archives/21634

Sears, K. (2020). The Basics of 7 Feminine Archetypes from Jungian Psychology. Kaitlyn Sears Yoga. https://kaitlynsearsyoga.com/blogs/news/7-feminine-archetypes

The World Thinks. (2024). Awaken Your Inner Goddess: Discovering the Strength and Beauty Within. The World Thinks. https://theworldthinks.com/awaken-your-inner-goddess/

Tiodar, A. (2021). 11 Qualities of the Divine Feminine Explained. Subconscious Servant. https://subconsciousservant.com/divine-feminine-qualities/

Tiodar, A. (2021, July 14). Divine Masculine: 11 Key Qualities Explained. Subconscious Servant. https://subconsciousservant.com/divine-masculine/

Yugay, I. (2022). 15 Ways to Balance Masculine and Feminine Energy for Resilience. Mindvalley Blog. https://blog.mindvalley.com/masculine-feminine-energy/

Young, A. (2022). 11 Signs Your Spirit Guides Are Communicating with You. Subconscious Servant. https://subconsciousservant.com/signs-your-spirit-guides-are-trying-to-communicate/

Young, A. (2022). How to Find, Connect & Communicate with Your Spirit Guides. Subconscious Servant. https://subconsciousservant.com/how-to-find-your-spirit-guide/

Fuentes de imágenes

1. https://www.pexels.com/photo/light-man-people-woman-6932056/
2. Jakub Hałun, CC BY-SA 4.0 <https://creativecommons.org/licenses/by-sa/4.0>, vía Wikimedia Commons https://commons.wikimedia.org/wiki/File:Venus_of_Willendorf,_20210730_1214_1255.jpg
3. Hamelin de Guettelet, CC BY-SA 3.0 <https://creativecommons.org/licenses/by-sa/3.0>, vía Wikimedia Commons https://commons.wikimedia.org/wiki/File:Sleeping_Lady_Hal_Saflieni.jpg
4. Zde, CC BY-SA 3.0 <https://creativecommons.org/licenses/by-sa/3.0>, vía Wikimedia Commons: https://commons.wikimedia.org/wiki/File:Cycladic_female_figurine_2800-2300_BC,_AM_Naxos,_143160.jpg
5. https://commons.wikimedia.org/wiki/File:Simplified-stylized_Minoan_snake_goddess_symbol.svg
6. Espacio eterno, CC BY-SA 4.0 <https://creativecommons.org/licenses/by-sa/4.0>, vía Wikimedia Commons: https://commons.wikimedia.org/wiki/File:Maat_(Goddess).png
7. https://www.pexels.com/photo/a-multiple-exposure-photography-of-a-woman-in-black-leather-top-7676532/
8. https://pixabay.com/photos/woman-scandinavian-young-face-7708174/
9. https://pixabay.com/photos/pregnant-woman-belly-mother-parent-6178270/
10. https://pixabay.com/photos/pink-hair-hairstyle-woman-makeup-1450045/
11. https://pixabay.com/photos/old-woman-veiled-woman-veil-turkey-4189578/
12. https://commons.wikimedia.org/wiki/File:Jacqueline_Kennedy_in_Venezuela_crop.jpg

13 https://commons.wikimedia.org/wiki/File:George_Charles_Beresford_-_Virginia_Woolf_in_1902.jpg

14 https://www.pexels.com/photo/woman-in-white-dress-sitting-on-stone-bench-12506197/

15 https://www.pexels.com/photo/woman-meditating-with-candles-and-incense-3822864/

16 https://www.pexels.com/photo/woman-standing-in-one-foot-on-table-170750/

17 https://www.pexels.com/photo/a-woman-doing-nostril-breathing-6648567/

18 https://www.pexels.com/photo/elderly-woman-writing-her-diary-while-smiling-7260644/

19 https://pixabay.com/photos/book-cover-holy-spiritual-light-4393603/

20 https://www.wallpaperflare.com/owls-pharaoh-eagle-owl-eyes-bird-one-animal-animal-wildlife-wallpaper-warod

21 https://unsplash.com/photos/brown-fox-on-snow-field-xUUZcpQlqpM?utm_content=creditShareLink&utm_medium=referral&utm_source=unsplash

22 https://www.pexels.com/photo/woman-meditating-in-the-outdoors-2908175/

23 Pinterpandai.com, CC BY-SA 3.0 <https://creativecommons.org/licenses/by-sa/3.0>, vía Wikimedia Commons: https://commons.wikimedia.org/wiki/File:333_Angel_Number.jpg

24 https://pixabay.com/photos/magical-woman-fantasy-creative-6046020/

25 https://unsplash.com/photos/the-big-bang-theory-dvd-Lh3cimWevas?utm_content=creditShareLink&utm_medium=referral&utm_source=unsplash

26 https://pixabay.com/photos/meditate-woman-yoga-zen-meditating-1851165/

27 https://pixabay.com/photos/hands-body-woman-posture-hand-5037846/

28 Elperrofeliz345678, CC BY-SA 4.0 <https://creativecommons.org/licenses/by-sa/4.0>, vía Wikimedia Commons: https://commons.wikimedia.org/wiki/File:Abrahamic_religions.png

29 https://pixabay.com/photos/horoscope-fate-goddess-space-7650723/

30 Foto de Edz Norton en Unsplash https://unsplash.com/photos/text-j5itydU55FI

www.ingramcontent.com/pod-product-compliance
Lightning Source LLC
Chambersburg PA
CBHW072152200426
43209CB00052B/1159